Peter Brunner

zart und deftig, band zwei

_seine schönsten Kolumnen
zu Essen und Kochen, gewürzt
mit neuen Rezepten für den Alltag

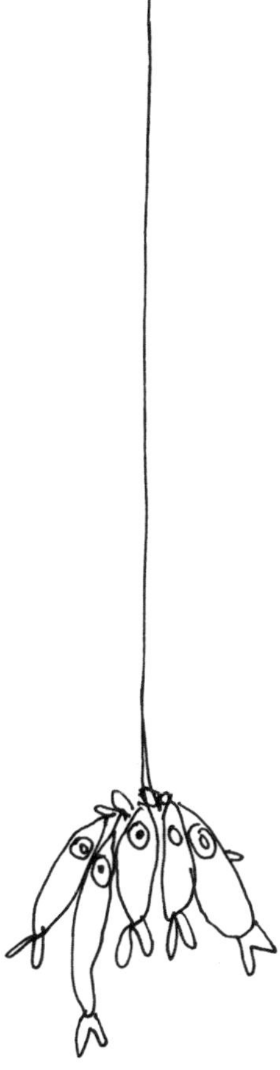

_illustriert von Sonja Studer

vorspeisen

fisch

fleisch

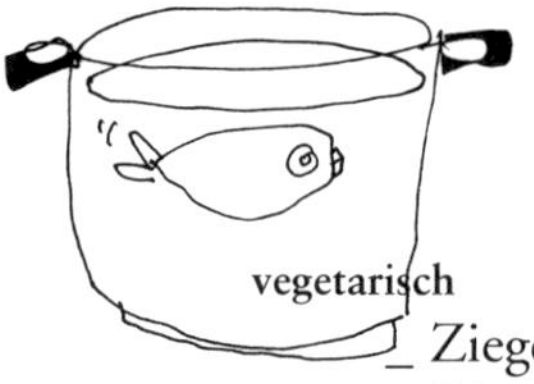
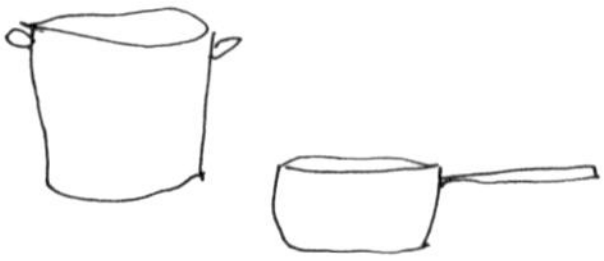

vegetarisch

einsichten

gourmet enzyclopedie

zubereiten

M

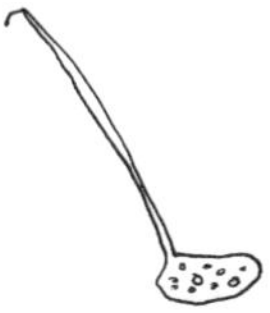

einsichten

_ «Schlingen kann ein ungeheurer Genuss sein. Ob es auch anständig und gesund ist, steht hier nicht zur Debatte, es geht mir einzig um den Punkt, dass Geniessen nicht in jedem Fall Zeit und Musse benötigt.»

fressbeiz

_ Was ist eigentlich eine Fressbeiz? Eine banale Frage, scheinbar. Jedenfalls bin ich noch nie gefragt worden, was ich damit meine, wenn ich von einer Fressbeiz gesprochen habe. – Nur, die einfachsten Fragen sind oft tückisch. In meinem Beizengängerleben bin ich nie so oft und grausam enttäuscht worden, wie wenn ich Fressbeizentipps von Freunden nachgereist bin. Vor allem, wenn diese fernab in einer idyllischen Landschaft lagen und ganz besonders in bell' Italia. Oftmals war ich derart enttäuscht und persönlich beleidigt, dass die Ferienstimmung für Tage im Eimer und meine Frau über meine heftige Reaktion konsterniert war. Umgekehrt wurde meine gastronomische Kompetenz in meinem Freundeskreis nie so angezweifelt wie bei meinen Fressbeizentipps. Was ist eine Fressbeiz für Sie? Ich möchte hier gerne diese kulinarische Kernfrage zur Diskussion stellen und mit ein paar eigenen Überlegungen beginnen.

_ Eine Fressbeiz ist fraglos etwas ungeheuer Sympathisches. Bei Gourmettempeln kann man im guten Treuen wie bei einem Theater- oder Konzertbesuch über das Gebotene fachsimpeln, allenfalls begeistert oder auch enttäuscht sein. Über italienische, vegetarische, japanische oder molekulargastronomische Restaurants kann man ebenfalls trefflich streiten. Über eine Fressbeiz nicht. Die geht über den Magen direkt ins Herz. Interessanterweise wurde immer wieder mal versucht neben den Gourmetführern auch einen Fressbeizenführer zu lancieren. Diese Versuche sind allesamt gescheitert, weil eine Fressbeiz eine Herzensgelegenheit ist, und Herzensangelegenheiten sind nun mal glücklicherweise Geschmackssache und nicht bewertbar. Sonst würden sich nämlich alle Frauen in dieselben Männer verlieben und umgekehrt. Man kann also über Fressbeizen nicht streiten, aber natürlich kann man davon schwärmen.

_ Fressbeizen bilden traditionellerweise geografische Nester, etwa im Elsass, im Schwarzwald, im Burgund, im Piemont und in der Poebene. Wieviel davon Legende, wieviel Realität ist, bleibe dahingestellt. Jedenfalls gibt es in diesen Gegenden heute auch überdurchschnittlich viele Touristenfallen. Auch in der Schweizer Geografie gibt es berühmte Orte, die ich überhaupt nur wegen ihrer Fressbeizen kenne. Gottlieben beispielsweise oder Walchwil zählen dazu. In einer Fressbeiz fühle ich mich schon beim Eintreten sauwohl. Sie ist meist urgemütlich, kann aber auch von einer gepflegt bürgerlichen Eleganz sein oder jugendlich, spritzig daherkommen. Auf jeden Fall hat sie eine starke persönliche Ausstrahlung und ist niemals unterkühlt oder überstylt. Jeder modische Firlefanz ist un-

passend. Der Empfang und die Bedienung müssen nicht unbedingt besonders freundlich sein. Eine etwas abweisende Sprödheit der älteren Serviertochter oder der resoluten Chefin des Hauses kann durchaus passen. Aber die Gastgeberinnen strahlen immer ein Selbstbewusstsein aus, dem man sich als Gast gerne anvertraut. Dafür läuft alles zügig und kompetent ab. Wenn ich zu lange auf den Wein oder das Essen warten muss, fühle ich mich vernachlässigt und zu wenig umsorgt, und mit der zunehmenden Wartezeit schmilzt die Vorfreude. Am sinnvollsten stehen Weinflasche und Mineralflasche nicht irgendwo auf einem Servicetischchen, sondern gleich auf dem Tisch. Und für mich ganz persönlich gehören seit meinem sechsten Lebensjahr blütenweisse Tischtücher und grosse, dicke Stoffservietten zwingend zu einer Fressbeiz.

_ Im Zentrum steht natürlich das Essen, welches alle meine Sinne jubeln lässt. Bei jedem Bissen spürt man einen Koch oder eine Köchin, die mit Leidenschaft kocht und vor allem auch beim Einkaufen keine Mühen gescheut hat. Dazu ist keine perfekte, kreative Edelküche nötig, im Gegenteil, die passt ganz selten in eine Fressbeiz. Die Küche folgt vielmehr bewährten, jahrzehntealten Traditionen. Oftmals reichte ein einziges Gericht, um den Ruf des Hauses zu begründen. In der Fressbeiz isst nicht nur das Auge mit, sondern auch die Seele, und dazu muss mir das Essen vertraut sein. Deshalb kann ein Mode- oder Exotenrestaurant niemals eine Fressbeiz sein. Aber selbstverständlich gibt es auch in China oder Japan Fressbeizen.

_ In einer Fressbeiz muss ich das volle Vertrauen haben, von allem immer genug zu bekommen. Das beste Bild dafür ist die dampfende Suppenschüssel, die an den Tisch kommt und aus der man soviel und so oft Suppe schöpfen kann, wie der Magen begehrt. Das bedeutet aber nicht Riesenportionen von allem. Überladene Teller und Platten sind mir persönlich ein Graus und verschlagen mir den Appetit. Eine Fressbeiz muss nicht billig sein. Im Gegenteil, viele legendäre Fressbeizen hatten und haben satte Preise, das berühmteste Beispiel ist die Kronenhalle. Aber man darf bei der Rechnung nicht das Gefühl bekommen, geneppt worden zu sein. So und jetzt bin ich gespannt auf Ihren Widerspruch und Ihre persönliche Fressbeiz!

zwei prinzipe

_Kürzlich ergab sich in einem unserer Kochkurse eine bemerkenswert spannende Diskussion. Gegenstand war ein wilder Kabeljau, den wir in einer äusserst konzentrierten, bouillabaisseartigen Sauce geschmort hatten. Ein Teilnehmer kritisierte beim Essen, das Gericht sei zwar delikat, aber man schmecke den Kabeljau nicht mehr heraus. Worauf andere Teilnehmer vehement die ausgewogene Harmonie der verschiedenen Aromen verteidigten. An diesem Beispiel zeigte sich für mich einmal mehr, dass man über Geschmack nicht streiten kann. Die Idee des Rezepts war, den Fisch in einem langsamen Kochvorgang mit den verschiedensten Düften und Geschmäckern der Provence zu verschmelzen, um ein geheimnisvolles, harmonisches Ganzes entstehen zu lassen. Vergleichbar mit der Herstellung eines guten Parfüms, bei dem die einzelnen Duftkomponenten auch nicht erkennbar sein, sondern zu einem neuen Duft verschmelzen sollen. Der kritisierende Gast hingegen war der Meinung, dass man einen guten Fisch nicht mit Aromen zudecken dürfe. Hinter dieser fundamentalen Meinungsverschiedenheit stehen zwei verschiedene Kochprinzipien. Ich möchte sie das Prinzip der französischen Haute Cuisine, der Hochküche des Okzidents, und das Prinzip der japanischen Kaiseki-Küche, der Hochküche des Orients, nennen. Meine praktischen Erfahrungen in der japanischen Küche beschränken sich auf ein paar wunderbare Mahlzeiten in japanischen Restaurants wie dem Sala of Tokyo in Zürich. Immerhin, das äusserst lesenswerte Standardwerk von Shizuo Tsuji «Japanese Cooking, a Simple Art», hat mich Respekt und Hochachtung gelehrt, und ich meine, in den grossen Zügen das Prinzip der Kaiseki-Küche begriffen zu haben: edelste Rohprodukte in delikatester Qualität, von kompromissloser Frische, sehr einfach und gradlinig, aber hoch ästhetisch und kunstvoll zubereitet. Die einzelnen Elemente eines Gerichts bleiben dabei meist getrennt, geschmacklich wie visuell, was ihnen eine bestechende Transparenz verleiht. Von der französischen Haute Cuisine verstehe ich ein bisschen mehr: Ihr geht es um die magische Verschmelzung der Elemente, die erreicht ist, wenn der Geniesser verzückt die Augen schliesst und in Wollust versinkt. Transparenz ist nicht gefragt, im Gegenteil. Das Rätseln, wie das gemacht und was da wohl drin sei, ist ein wesentlicher Bestandteil der französischen Kochkunst. Das sind wie gesagt zwei Kochprinzipien, aber nicht die Küchenwirklichkeit, in welcher viele Ausnahmen, sowohl in Frankreich wie in Japan, die Regel bestätigen.

_Bei der erwähnten Geschmacksdiskussion gab es noch einen weiteren sehr interessanten Aspekt: Im Moment, wo sich zeigte, dass hinter dem Kabeljau in seiner Bouillabaisse-Sauce eine bestimmte Auffassung von Kochen steht, war auch der kritisierende Gast in der Lage, diesen Fisch zu geniessen, und gleichzeitig hochbeglückt darüber, seine eigenen kulinarischen Vorlieben besser verstehen zu können. Er meinte, er werde nach diesem Abend mit einem anderen Verständnis essen.

_ Um das Gesagte zu illustrieren, beschreibe ich Ihnen die erwähnte Bouillabaisse-Sauce und einen japanischen Dashi-Fond, die sakrosankte Basis vieler japanischer Suppen und Fischgerichte.

Vorab eine allgemeine Bemerkung zu meinen Rezepten: Ich verstehe sie nicht als Gebrauchsanweisungen, sondern als Anregungen. Mengen-, Temperatur- oder Zeitangaben mache ich nur dort, wo ich es für sinnvoll und nötig erachte. Präzise Angaben sind oft schlicht unmöglich zu machen und täuschen eine genaue Berechenbarkeit nur vor. Kochen ist für mich in vielen Aspekten Gefühls-, Übungs- und Geschmackssache. Zum Glück, finde ich.

bouillabaisse-sauce

_ 1 kg frische Fischköpfe (notfalls auch Fischgräte), 300 g feine, weisse Zwiebelscheiben und 7 gehackte Knoblauchzehen in Olivenöl hell dünsten. 400 g gewürfelte Tomaten, je 1 KL Sternanis und Korianderkörner, die abgeriebene Schale einer halben Orange und 1 Msp. Safran beifügen. Mit Wasser knapp bedecken, einmal aufkochen und 20 Minuten ziehen lassen. Die Flüssigkeit durch ein feines Sieb streichen und leicht salzen.

dashi von shizuo tsuji

_ 1 L kaltes Wasser in eine Kasserolle giessen und 30 g Kelp (Seetang) beifügen. Langsam, innerhalb von etwa 10 Minuten, zum Siedepunkt bringen, wobei das Wasser niemals kochen darf. 30 g getrockneten Thunfisch beifügen und eine Sekunde aufkochen. Die Pfanne sofort vom Herd ziehen und mit einem Glas kaltem Wasser die Temperatur der Flüssigkeit reduzieren. Das Dashi etwa eine Minute ziehen lassen und durch ein Tuch passieren.

kochende kids

_ Kinder und Jugendliche sind für mich als Koch die grössere Herausforderung als Testesser. Kinder sind kritischer und vor allem weniger gut berechenbar. Deshalb koche ich gerne für Kinder und mit Kindern – ab und zu wenigstens. Wenn ich dies täglich tun müsste, wäre ich total überfordert. Vielleicht habe ich deshalb keine Familie, sondern nur ein Restaurant. Jedenfalls haben Eltern, die sich der Herausforderung einer täglichen Familienmahlzeit noch stellen, meine grösste Hochachtung. Viele haben ja inzwischen resigniert, und jedes Familienmitglied ernährt sich individuell. Vor Jahrzehnten kochte ich als Lehrer einer Gesamtschule im Appenzellerland den Kindern jeweils im Winter über Mittag eine Suppe, wenn sie bei sehr viel Schnee nicht nach Hause laufen konnten. Das war im Grunde genommen mein erstes Restaurant. Ich habe in meiner Karriere als Kinderkoch auch vernichtende Niederlagen eingefahren: Luca (10) bekochte ich eine Ferienwoche lang, ohne jemals auch nur annähernd an die Kochkünste seines Vaters heranzukommen, und für Nora (damals 8) hatte ich gegen das Rührei ihrer Schwester Anna (9) auch nicht den Schimmer einer Chance. Es konnte aber auch anderes passieren: Meine sehr gute Freundin Livia (13) entdeckte in ihrer Schulküche den Ausschnitt einer meiner Kolumnen an der Zimmerwand, und auf ihre entsprechende Frage meinte der Lehrer, er sei Fan von mir. Sie fragte: «So wie von einem Rockstar?» Und als er schmunzelnd bejahte, spielte ich in ihrem Ansehen ab sofort in einer anderen Liga. Allerdings führte das später mit der Nachfolgerin des Kochlehrers zu einem ernsthaften Konflikt: Nachdem Livia und ich eines Abends zusammen Hacktätschli, Kartoffelstock und Salat zubereitet hatten, kritisierte sie in der nächsten Kochstunde den Salat der Lehrerin mit den Worten, Peter Brunner mache den Salat ganz anders. Das fand die Lehrerin wiederum nicht lustig und meinte, die Kochlehrerin sei immer noch sie, und stellte Livia vor die Türe – ziemlich uncool, nicht wahr?

_ Kinder sind unbestechliche Esser und wissen ganz genau, was sie mögen und was nicht: Mikroskopisch kleine Zwiebelstückchen werden aus der Sauce herausgefischt und vorwurfsvoll am Tellerrand drapiert, und jedes Fleischstück wird sorgfältig nach Fett und Sehnen untersucht. Kinder lassen sich nicht durch irgendwelchen Firlefanz auf dem Teller bluffen und auch nicht durch populärwissenschaftliche Ernährungsweisheiten beeindrucken. Entweder schmeckts oder nicht. Punkt. Dass sie damit Recht haben, hat eine amerikanische Untersuchung gezeigt: In einem Feriencamp konnten Kinder für mehrere Wochen essen, was sie wollten. Wie im Schlaraffenland stand ihnen alles zur Verfügung, was das Bäuchlein begehrte. Dabei wurde genau protokolliert, was sie assen, und am Schluss ernährungswissenschaftlich analysiert. Das Ergebnis war ganz erstaunlich. Die Speisepläne der einzelnen Kinder waren sehr unterschiedlich und äusserst unkonventionell. Aber in der Ernährungsbilanz hatte trotzdem jedes Kind genau die Nährstoffe aufgenommen, die es brauchte. Ich weiss, bei der Lektüre dieser Zeilen werden sich die Ernährungsberater vor Entsetzen krümmen. Aber alle Eltern, die sich Sorgen um die Gesundheit ihrer Kinder machen, möchte ich mit einer simplen Überlegung beruhigen: Wenn die Nahrungsaufnahme über den Kopf und nicht über den Bauch gesteuert würde, wäre die Menschheit längst ausgestorben. Dies gilt für das Essen ebenso wie für das Trinken, das Atmen und das Fortpflanzen. Machen wir es deshalb nicht komplizierter als es ist: Um die Ernährung eines gesunden Kindes muss man sich keine allzu grosse Sorgen machen. Zum Schluss verrate ich Kindern, die Spaghetti lieben – und das sind fast alle –, wie man den richtigen Garpunkt für Spaghetti herausfindet. Der Tipp stammt von einer Italienerin.

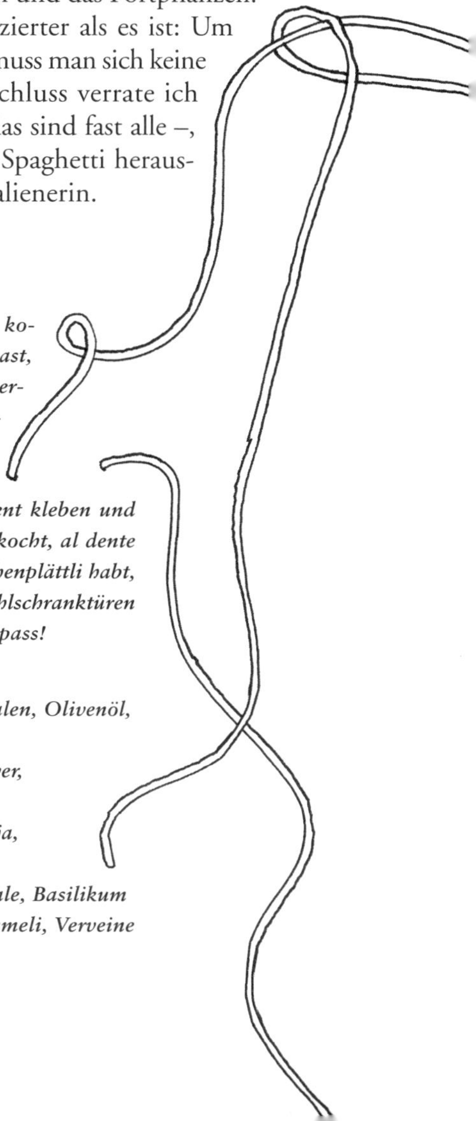

(für Kids)

spaghetti kochen

_ Du legst die Spaghetti in sehr viel kochendes Salzwasser. Wenn du das Gefühl hast, sie seien weich, nimmst Du einen Spaghetto heraus und schmeisst ihn an die geplättelte Küchenwand. Fällt er sofort herunter, sind sie noch zu hart, bleibt er kleben, sind sie schon zu weich. Bleibt er aber einen kurzen Moment kleben und fällt dann herunter, sind sie genau richtig gekocht, al dente nennt man das. Falls ihr zu Hause keine Küchenplättli habt, eignet sich jede andere glatte Fläche, wie Kühlschranktüren oder das Küchenfenster beispielsweise. Viel Spass!

Weitere Spaghetti-Ideen:

_Fein gehobelte rohe Zucchetti, Zitronenschalen, Olivenöl, Basilikum, Parmesan
_ rohe Tomatenwürfel, frisch geriebener Ingwer, Zitronenschale, grüne Zwiebeln, Parmesan
_ feine Auberginenwürfel (leicht gebraten), Soja, Knoblauch, rohe Tomaten, Basilikum
_ Mascarpone, etwas Parmesan, Zitronenschale, Basilikum
_Knoblauch, Olivenöl, Butter, Weissbrotbrösmeli, Verveine

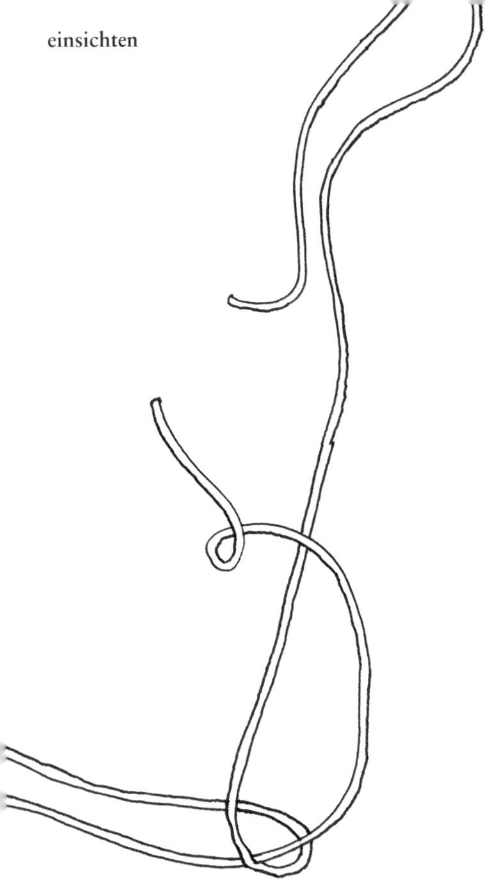

geschmackssache

_ Die schwierigsten Kochfragen sind ganz banal: Zu roh oder verkocht? Fad oder versalzen? Letztlich geht es immer um die Frage, ob zu viel oder zu wenig, also um Ermessensfragen. Merkwürdigerweise erleben wir das beim Essen aber keineswegs so: Ob etwas verkocht ist oder nicht, ist für uns keine Ermessensfrage, sondern eindeutig, denn wir erleben es mit jeder Kaubewegung. Wenn etwas versalzen ist, spüren wir es an einem leichten Würgen im Hals und, wenn die Salzdosis allzu gross ist, am Bedürfnis, die Speise auszuspucken. Der umgekehrte Fall ist ebenso evident: Wenn eine Speise nach nichts schmeckt, schmeckt sie nach nichts. Das erleben wir mehr als hautnah, nämlich in unserem Mund, also unmittelbar in unserem Körper drin. Da gibt es einfach nichts mehr zu ermessen. Und doch ist dieses unmittelbare, eindeutige Empfinden paradoxerweise extrem subjektiv und bei jedem Menschen wieder anders.

_ Es ist für mich in den Kochkursen immer wieder ein eindrückliches Erlebnis, wie leidenschaftlich beim anschliessenden Essen diskutiert wird, ob nun ein Gericht zu wenig, gerade richtig oder zu stark gewürzt sei. Oder ob etwas zu wenig, gerade richtig oder zu lange gekocht, gebraten oder gebacken wurde. Es ist hoch spannend, wie der erste Kritiker oder die erste Kritikerin jeweils selbstbewusst eine Meinung äussert, überzeugt, dass alle diese Meinung teilen, und wie praktisch ebenso sicher jemand heftig dagegen protestiert und der gegenteiligen Meinung ist. Leicht kann eine gereizte Stimmung entstehen, weil beide Parteien aus tiefstem Munde heraus überzeugt sind, dass sie Recht haben. Jede Partei versucht, die andere von der Richtigkeit ihrer Meinung zu überzeugen, was natürlich immer ein hoffnungsloses Unterfangen ist. Meist tritt dann ein Moment der Stille und der absoluten Ratlosigkeit ein – und alle Kochkursteilnehmer schauen gebannt auf den Küchenchef, der entscheiden soll, wer nun Recht hat und wer nicht. Dies ist ein spannender Moment für mich, denn ich weiss, jetzt werden die Gäste erkennen, dass ihr subjektives Esserlebnis für sie zwar völlig eindeutig ist, im Vergleich mit anderen aber nur relativ gilt, und dass es in diesem Bereich keinen objektiven Massstab gibt. Alle Augen auf mich gerichtet, habe ich für meine Antwort zwei Möglichkeiten: Entweder ich nehme mein eigenes Empfinden Kraft meiner Legitimation als Küchenchef als das richtige und gebe der Partei recht, die meinem Geschmack entspricht. Das würde immer funktionieren, aber dazu bin ich in keiner Weise berechtigt, weil mir als Küchenchef kein Urteil über das Geschmacksempfinden anderer Leute zusteht. Es wäre doch völlig absurd, wenn ich jemandem sagen würde: «Es ist falsch, dass Sie dieses Essen versalzen finden, ich als Küchenchef sage Ihnen, es ist nicht versalzen!» Ich wähle jeweils die zweite Möglichkeit zu antworten: Ich sage, dass es mir nicht zusteht, über ihr Geschmacksempfinden zu urteilen, dass jede Partei für sich genommen Recht hat, was paradox ist und zu einem Konflikt führen muss, wenn die eine Partei für die andere kocht, ohne sich dieses Paradoxons bewusst zu sein.

_ Im Restaurant kann man solche Diskussionen leider in den seltensten Fällen führen. Gute Servicemitarbeiterinnen können hier eine gewisse Vermittlungsarbeit leisten, indem sie den Stil des Küchenchefs erläutern. Oder indem sie den persönlichen Geschmack der Gäste möglichst genau erfassen. Aber natürlich dürfen sie Gäste auf keinen Fall über die Subjektivität des Geschmacks belehren, das wäre ein Verstoss gegen die Gastfreundschaft. Auch der Küchenchef hat zwei Möglichkeiten: Entweder er versucht einen möglichst breiten Gästegeschmack zu treffen und orientiert sich daran, was andere Leute sagen und wie andere Köche kochen. Oder er sagt sich, ich koche so, wie ich es gut finde, und ich will nur die Gäste, die das so auch gut finden oder mindestens so neugierig sind, dass sie meine Küche probieren: Diese Köche scheitern in vielen Fällen, weil sie zu wenig Gäste haben. Einzelne aber erkochen sich eine wachsende Anhängerschaft und werden zu Trendsettern. Hat ein Koch den Status des Trendsetters einmal erreicht, ist er in der beneidenswerten Situation, dass die Gäste nicht mehr fragen: Ist das gut, was der da kocht? Ist er ein guter Koch? Sondern sie sagen sich: Gut muss ja sein, was der da kocht, wenn es in allen Zeitungen steht und alle andern das gut finden. Die Gäste fragen sich in diesem Fall: Bin ich ein guter Gast, der drauskommt und der versteht, was der Küchenchef kocht? Ein Koch, der diesen Status erreicht, kann mit seinen Gästen praktisch alles machen – sogar verkohlte Kalbsfüsse servieren.

kalbsfüsschen (brätchügeli) mit frischen kefen

_ 1 kg geschnittene Kalbsfüsschen knapp mit Salzwasser bedecken und aufkochen, abschäumen und die Hitze unter den Siedepunkt reduzieren. 1 Lorbeerblatt, 1 Nelke, 1 Glas Weisswein beifügen und die Füsschen sehr weich kochen. Je 50 g Zwiebeln, Karotten und Sellerie fein hacken und gegen Schluss beifügen. Die Kalbsfüsschen herausnehmen, die Knochen entfernen und das Fleisch in Streifen schneiden. Etwas Sud und das feine Gemüse darüber giessen. Mit etwas Essig, Öl, Salz und Pfeffer abschmecken.

_ 300 g Kefen putzen und in viel Salzwasser knapp weich kochen. Auf Teller anrichten und die Kalbsfüsschen darüber geben.

_ Anstatt Kalbsfüsschen kann man auch fertige Brätchügeli oder nach dem Rezept von Seite 142 verwenden.

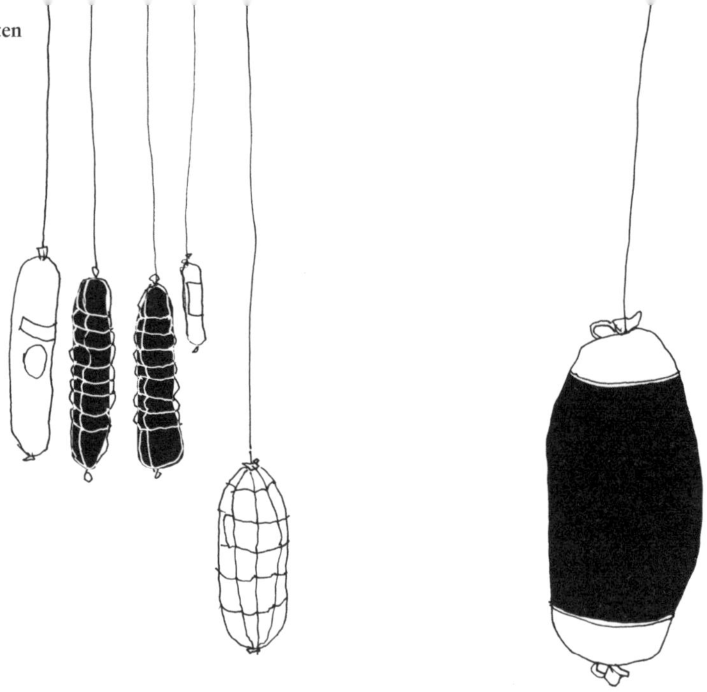

norditalien

_Bekanntlich gibt es keine italienische Küche, wie es etwa eine französische oder japanische gibt. Einerseits ist Italien erst seit relativ kurzer Zeit überhaupt ein einheitliches Gebilde, andererseits sind die klimatischen, kulturellen und ökonomischen Verhältnisse in den verschiedenen Regionen derart verschieden, dass sich auch völlig verschiedene Kochkulturen entwickelt haben. Beispielsweise ist die Küche Siziliens näher bei Nordafrika als bei der Emilia Romagna oder diejenige des Piemont näher bei Frankreich als bei Apulien. Selbst so typisch italienische Köstlichkeiten wie das Olivenöl, der Parmesan oder der Risotto sind regionale Spezialitäten. Ein Giro d'Italia gastronomico lässt sich in drei verschiedene Reisen aufteilen, die je ihre Gemeinsamkeiten haben: Norditalien, Süditalien und die italienischen Küsten.

_ Jetzt würde ich Sie gerne auf einen Giro entlang der Alpensüdseite mitnehmen, also vom Piemont über die Lombardei, die Emilia Romagna bis ins Friaul und Veneto. Jede dieser Regionen würde für sich ein ganzes Kochbuch verdienen oder sogar mehrere. Auf unserem Streifzug kann ich nur auf ein paar besondere Gemeinsamkeiten aufmerksam machen und da und dort einen praktischen Tipp geben. In Norditalien sind der Risotto, die Polenta, das zarte Vitello, der aromatische Culatello, der köstliche Fontina-Käse und der Mascarpone beheimatet. Eine reiche, üppige Region also, mit einer raffinierten, gastronomische Tradition. Das Herzstück einer norditalienischen Mahlzeit sind die primi piatti. Neben Polenta oder Risotto vor allem frische Teigwaren, wie Tagliatelle, Ravioli, Tortellini oder Lasagne.

_ Und hier Tipp 1: Der beste Teig für alle frische Pasta besteht für mich nach vielen Experimenten immer noch aus 100 g Weissmehl und einem Ei und sonst gar nichts. Ganz besonders möchte ich Sie auf unserem Giro auf die köstlichen Wurstwaren der Poebene aufmerksam machen, die leider etwas aus der Mode gekommen sind. Frisch aufgeschnittener Culatello – das Herzstück des Parmaschinkens, San Daniele –, der berühmte Rohschinken aus dem Friaul, Coppa, oder Pancetta arrotolata sind zusammen mit frischen Feigen, Melonen oder eingelegten Artischocken ein herrliches frühsommerliches Antipasto.

_ Tipp 2: Pancetta, der mit Kräutern gewürzte und gerollte Bauchspeck, ist für die norditalienische Küche unverzichtbar. Er ist aromatischer und etwas weniger fett als unser gewöhnlicher Speck.

Für viele norditalienischen Rezepte ist ein so genanntes Soffritto mit Pancetta der Ausgangspunkt: Man lässt dazu fein gehackte Zwiebeln, Knoblauch, allenfalls noch Kräuter und Pancetta in etwas Butter schmurgeln. Traditionellerweise und vielerorts noch heute ist in Italiens Restaurants der Gastraum das Reich der Männer und die Küche das Reich der Frauen. Diese machen keine Kochlehre, sondern lernen das Handwerk von ihren Müttern. Es ist eine Cucina casalinga, eine Hausfrauenküche. Eine Küche mit viel Herz – aber auch eine haushälterische Küche. Die italienische Köchin sucht ihre Zutaten genau aus und kauft nur die frischesten und besten.

_ Tipp 3: Gerade bei den einfachen Zutaten wie Risottoreis oder Polenta lohnt es sich, allerbeste Qualität zu kaufen, die aber nicht unbedingt teuer sein muss. Reissorten gibt es viele, zum Teil extrem teure, aber mit einem normalen «Carnaroli » ist man bereits sehr gut bedient. Absolut schrecklich und zudem überteuert sind bereits gewürzte oder sonst wie vorbehandelte Reismischungen. Bei der Polenta ist vor allem die Frische wichtig. Sie sollte deshalb von der letzten Ernte stammen. In Reformhäusern habe ich hier gute Erfahrungen gemacht. Im Bioladen Paradiesli an der Seefeldstrasse in Zürich gibt es übrigens den raren roten Mais aus dem Tessin zu kaufen. Im Gegensatz zum Süden gibt es in Norditalien relativ viel Fleisch und Geflügel. Der still vor sich hin köchelnde Brodo di carne, dessen Duft das ganze Haus durchzieht, ist deshalb die Seele jeder guten Küche und der Stolz jeder guten Köchin. Nicht nur für den berühmten Risotto alla milanese oder die Tortellini in brodo ist er unverzichtbar. Er ist schnell zubereitet, lässt sich im Kühlschrank eine Woche aufbewahren und steht zu einem Bouillonwürfel etwa im selben Verhältnis wie romantische Liebe zu Cybersex. Tipp 4 ist deshalb ein Rezept:

brodo di carne

_ Zutaten: 2 kg Fleisch- und Knochenabfälle vom Kalb, Rind oder/und Huhn (was der Metzger gerade anzubieten hat; auf keinen Fall Schwein!), je 1 Zwiebel, Karotte, Selleriestange und Tomate in Würfel geschnitten; je 2 Lorbeerblätter und Nelken. Zubereitung: Alle Zutaten knapp mit kaltem Wasser bedecken und einmal aufkochen. Die Hitze so weit reduzieren, dass der Brodo nicht mehr kocht. Während 2 Stunden ziehen lassen. Auf etwa 2L reduzieren. Durch ein ganz feines Sieb oder Tuch passieren. Hält im Kühlschrank 3–5 Tage.

süditalien

_ Im zweiten Teil unseres Giro d'Italia gastronomico besuchen wir die bäuerlichen Küchen des Südens, bekannt als Cucina povera, die arme Küche des Mezzogiorno. Eine Kochkursteilnehmerin hat uns in diesem Frühling erzählt, dass ihre Mutter, eine Sizilianerin, jeweils das Grün des Knoblauchs erntete und den Gästen als Bohnen vorsetzte, weil sie sich nicht einmal dieses einfache Gemüse leisten konnte. Die Cucina povera ist aber auch eine selbstbewusste Küche, die stolz ist auf ihre Traditionen und ihre farbenfrohen und aromatischen Gemüse und Früchte. Im Gegensatz zu Norditalien gibt es hier kaum Viehwirtschaft, also wenig Milchprodukte und Fleisch, hauptsächlich Lammfleisch und natürlich Pecorino, den heimischen Schafkäse. Die Küchen des Südens sind regional sehr verschieden: Sizilien ist stark von Nordafrika beeinflusst, während die Abruzzen vor allem durch die hügelige Landschaft mit ihren Olivenbäumen und den herumziehenden Schafherden geprägt sind. Im Kontrast zu Norditalien mit seinen frischen Teigwaren sind im Süden die getrockneten Teigwaren aus Hartweizenmehl beheimatet, also die Spaghetti, Makkaroni, Fusilli und wie sie alle heissen. Interessanterweise gibt es um Neapel bereits seit dem Mittelalter kleine Teigwarenfabriken.

_ Und hier mein erster Tipp: Kochen Sie die Pasta im Salzwasser etwas zu kurz und anschliessend in der Sauce fertig. Dadurch kann sie die Sauce besser aufnehmen.

_ Tipp 2: Geben Sie vom Pecorino oder Parmesan immer auch schon einen Teil direkt in die Sauce, die so besser bindet. Süditalien mag eine arme Region sein, aber sie verfügt über einen unwahrscheinlichen Reichtum an verschiedensten Gemüsesorten, wie die Cima di rape, die Fava-Bohnen oder die Catalogna. Auf den Zürcher Gemüsemärkten kann man von den italienischen Händlern, die ihr Gemüse teilweise direkt aus Mailand importieren, viel

Wissenswertes dazu erfahren. Da ist beispielsweise Zwiebel keinesfalls gleich Zwiebel: Die eine Sorte eignet sich roh als pikantes Gewürz, die andere als Gemüse zum Füllen, die dritte schmeckt am besten süss-sauer und die vierte besonders im Tomatensalat. Ein Gemüse, das ich besonders mag, sind die Auberginen.

_Tipp 3: Früher musste man die Auberginen salzen, um ihnen die Bitterstoffe zu entziehen, das ist heute nicht mehr nötig. Dagegen muss man sie immer noch in sehr viel Olivenöl braten, weil sie es wie ein Schwamm aufsaugen. Nach dem Braten kann man es mit einem Küchenpapier wieder abtupfen.

_ Als Tipp 4 ein einfaches Auberginenrezept aus Kalabrien: Dicke Auberginen in 5 mm dicke Scheiben schneiden und salzen. Je mit einer Scheibe Mozzarella und Basilikumblättern belegen. Dann mit Paniermehl, gehacktem Knoblauch, Petersilie, geriebenem Pecorino und Olivenöl eine Paste herstellen und auf die Auberginenscheiben streichen. Einrollen und mit einem Zahnstocher befestigen. Die Auberginenröllchen in viel Olivenöl rundum anbraten und etwa 2 Minuten ziehen lassen. Mit einer Tomatensauce servieren. Eine Hauptzutat in vielen süditalienischen Küchen habe ich noch gar nicht erwähnt: Fische, Krustentiere und Meeresfrüchte. Das hat zwei Gründe: Ursprünglich siedelten die Süditaliener nicht an der Küste, sondern im Landesinnern. Deshalb gibt es direkt an der Küste nur wenige alte Städtchen und Dörfer, die meisten stammen aus Zeiten der touristischen Erschliessung. Entsprechend hat sich im Landesinnern auch eine interessantere Kochtradition entwickelt. Der zweite Grund ist ein wirklich tragischer: Das Mittelmeer ist praktisch leer gefischt. Wenn man heute im Restaurant oder Hotel eines malerischen Küstenstädtchens Fisch bestellt, stammt er mit allergrösster Wahrscheinlichkeit nicht aus dem nächtlichen Fischfang, sondern kommt von Italiens zentralem Fischmarkt in Mailand. Und die Fische auf dem Markt in Mailand kommen zum allergrössten Teil tief gefroren aus dem Pazifik oder dem Indischen Ozean. Ich weiss, dass ich damit leider manch schöne Ferienillusion zerstöre, deshalb zum Schluss doch noch ein einfaches sizilianisches Thunfischrezept aus einer Zeit, als es im Mittelmeer noch von diesen wunderschönen Tieren wimmelte. Wie meist bei italienischen Fischrezepten habe ich die Garzeit massiv verkürzt, damit der Fisch saftig bleibt.

(mit frischen Kräutern bestreuen und in einer Platte servieren)

tonno a la marinara

_ *500 g geschälte, entkernte, gehackte Tomaten, 50 g gehackte Oliven, 2 EL Kapern, 1 fein gehackte Zwiebel, je 1 EL gehackter Basilikum und Pfefferminze; alles zusammen mit viel Olivenöl einmal aufkochen. Etwa 5 Minuten ziehen lassen, bis die Sauce schön bindet. In eine Gratinplatte füllen. 4 Thunfischtranchen ca. 2 cm dick kräftig salzen, mit Knoblauch und Olivenöl einreiben. Den Thunfisch in die noch heisse Sauce legen und bei 150° für etwa 8 Minuten in den Backofen stellen. Der Fisch soll noch roh, aber durchgehend warm sein.*

der schlinger

_ Oft ist unsere Beiz um fünf vor zwölf menschenleer, um viertel nach zwölf brechend voll und um halb zwei schon wieder leer. Die Menschen kommen, schlingen ihr Essen hinunter und sind schon wieder verschwunden. Dabei sind einige Gäste während der ganzen Zeit in ein intensives Businessgespräch vertieft, und andere wiederum konzentrieren sich auf ihre Beziehungsprobleme, vermutlich merken sie kaum, was sie vorgesetzt bekommen. Ihnen allen fehlen Zeit und Musse, um das Essen wirklich zu geniessen. Trotzdem halte ich die Behauptung für falsch, dass man das Essen nur dann geniessen kann, wenn man sich viel Zeit nimmt und langsam isst. Ich bestreite das, weil ich selbst ein leidenschaftlicher Schlinger bin: Ich liebe es beispielsweise, nachts nach der Arbeit noch schnell ins Niederdorf zu radeln und in etwa zwei Minuten eine Bratwurst mit Senf, Ketchup und einem Bürli zu verdrücken. (Manchmal mache ich sogar noch den kleinen Umweg zum Vorderen Sternen am Bellevue, denn dort gibt es nach wie vor die besten Bratwürste.)

_ Schlingen kann ein ungeheurer Genuss sein. Ob es auch anständig und gesund ist, steht hier nicht zur Debatte, es geht mir einzig um den Punkt, dass Geniessen nicht in jedem Fall Zeit und Musse benötigt. Ein kleiner und unbestechlicher Zeuge dieses Tatbestandes ist der hungrige Säugling, der an der Brust der Mutter trinkt: Der himmlische Genuss ist offensichtlich! Aber wer behauptet, dies sei ein Akt der Musse, hat noch nie richtig hingeguckt! Das ist eine überaus hektische und gierige Angelegenheit und übertrifft noch bei weitem den gierigsten Restaurantgast. Nach meinen Erfahrungen und Beobachtungen gibt es einfach zwei grundverschiedene Arten, das Essen zu geniessen. Die eine ist gelassen, differenziert und massvoll. Man freut sich an Feinheiten und entdeckt Nuancen in einer Mahlzeit. Man bewundert die Kombinationen eines Menüs und die technischen Fertigkeiten des Koches. Dies ist «the fine art of dining» des Connaisseurs. Die andere Art zu geniessen ist leidenschaftlich, intensiv und masslos. Es ist der befriedigende und beseligende Rausch des Verschlingens. Natürlich ist auch hier der Genuss umso grösser, je besser das Essen gekocht ist, aber Feinheiten und Raffinesse spielen eine weniger grosse Rolle. Es gibt für mich keinen Anlass, die beiden Arten des Genusses gegeneinander auszuspielen oder zu bewerten, sie gehören beide zur menschlichen Natur. Sicher ist in unserer Zivilisation, welche sich zunehmend durch Kontrolle und Selbstkontrolle definiert, die erste Art salonfähiger. Je höher das Prestige eines Restaurants, desto seltener sind die Schlinger darin anzutreffen. Rauschhafte Gelage, nach denen wir uns wohl alle immer wieder mal heimlich sehnen, kennen wir hauptsächlich noch aus Literatur und Film, wo wir sie mit lustvollem Grausen und leicht neidisch miterleben können, ohne die Folgen davon ausbaden zu müssen. Da sind die grossen Festessen, die an weiss gedeckten Tafeln im heiteren, südländischen Sonnenschein beginnen und regelmässig in einer Katastrophe enden, ein beliebtes Thema. Oder die grandiosen Dîners in den Salons der Bourgeoisie, die drehbuchmässig in Dekadenz versumpfen. Nahezu immer ist mit dem üppigen Genuss der moralische Verfall bereits programmiert.

_ Im Alltag hat das Schlaraffenland für uns seinen Reiz weit gehend verloren, weil ohnehin alles im Überfluss vorhanden ist und uns die gesundheitlichen Konsequenzen zu sehr bewusst sind. Als Koch beobachte ich, wie dieser Aspekt zunehmend an Bedeutung gewinnt. Früher wählten die Gäste zwischen gesund oder gut, heute erwarten sie gesund und gut. Eine spannende Synthese, die uns Köchen noch nicht immer gelingt. Um aber nochmals auf den Anfang dieses Textes zurückzukommen: Die erwähnten Restaurantgäste sind keine Geniesser, weder der ersten noch der zweiten Art. Denn was ihnen fehlt, ist die Aufmerksamkeit für das Essen. Wer nebenbei noch verhandeln, telefonieren, flirten oder streiten muss, verpasst das Geniessen in jedem Fall. Im Gegensatz zu früheren Epochen ist dies zwar heute gesellschaftlich akzeptiert. Doch für mich haben diese Gäste keinen Stil und keine Klasse. Da sind mir die wilden Schlinger doch weit sympathischer.

öko-fisch

_ Zum heutigen Thema zwei Erlebnisse: In Kaiser's Reblaube haben wir einen sehr seltenen, aber umso treueren Gast, der seit der Eröffnung vor zwölf Jahren in der ganzen Stadt herumerzählt, er habe bei uns noch nie gut gegessen. In seinem Bekanntenkreis, der proportional zu seinem Alter beträchtlich zugenommen hat, gilt der Mann als Gourmet. Seine Kritik ist an sich noch nicht tragisch, denn von ihr lernen wir mehr als von Lob. Seine Kritik ist jedoch nicht nur gehässig und arrogant, sondern immer wieder auch falsch, was dann bei seinen Bekannten, die teilweise unsere Gäste sind, zu Missverständnissen führt, die wir dann wiederum klären müssen. So war besagter Gourmet kürzlich in einer grösseren Tafelrunde bei uns zum Mittagessen, als «wilder Kabeljau» auf dem Menü stand. Nachdem er herumposaunt hatte, dass er hier noch nie gut gegessen habe, machte er sich des Langen und Breiten über den wilden Kabeljau lustig, wo es doch gar keinen gezüchteten gäbe, was seine Tischgenossen sichtlich irritierte. Nun, tatsächlich gibt es in Norwegen grosse Kabeljauzuchten. Diese kleine Geschichte aus unserem Beizenalltag wäre hier keiner Erwähnung wert, wenn sie nicht zwei allgemeine Aspekte zeigen würde: 1. Trau keinem Gourmet, ausser dir selber. 2. Fischeinkauf ist je länger, desto mehr ein kompliziertes, mit vielen Vorurteilen und Halbwissen behaftetes Thema allererster Priorität. Damit komme ich zum zweiten Erlebnis, bei dem es um eine sehr viel ernsthaftere Kritik geht: Nach meiner Kolumne mit dem Thunfischrezept wurde ich mit kritischen Mails in folgender Tonlage eingedeckt: «Ihr Rezept zum ‹tonno alla marinara› ist mir etwas sauer aufgestossen. Im Text thematisieren Sie die Tragödie der leeren Meere, mit dem Rezeptvorschlag unterlaufen Sie den indirekten Verzichtsappell gerade wieder. Wäre es nicht an Leitfiguren der Kochszene wie Ihnen, Konsequenzen aus der misslichen Lage zu ziehen? Ich bin überzeugt, Sie haben eine Fülle von Kochideen, die Lust auf regional gezüchtete Biofische machen.»

_ Auch wenn ein Restaurant keine moralische Anstalt für Volkserziehung ist, teile ich absolut die Meinung dieses Lesers, dass ein Koch heutzutage beim Einkauf nicht nur auf Qualität und Preis schauen darf, sondern sich sehr ernsthaft damit auseinander setzen muss, woher seine Rohprodukte kommen und wie sie produziert werden. Immer mehr wollen dies nämlich auch unsere Gäste wissen, und das ist sehr gut so. Allerdings ist es enorm schwierig, zu verlässlichen Informationen zu kommen, weil so viel Halbwissen und Unwissen durch die Medien geistern, dass man permanent umdenken und dazulernen muss. Was das Thema Fisch betrifft, versuche ich im

Folgenden meinen aktuellen Wissensstand zusammenzufassen, soweit dies auch Amateurköchinnen und -köche interessieren könnte. Mit dem Wort «Bio» hat unser Leser wohl drei Problembereiche zusammengefasst, die sich zwar teilweise überschneiden, aber doch einzeln kurz angeschaut werden müssen: «Öko», «Bio», und «Tierschutz».

_ Vorab möchte ich mich den «Öko-Fischen» widmen; auf die anderen beiden Begriffe werde ich ein anderes Mal zurückkommen. Auf der Bühne der Weltmeere findet seit einigen Jahrzehnten ein ökologisches Trauerspiel statt: Die Industrialisierung der Fischerei durch riesige Schiffsfabriken und damit verbunden die Vernichtung des ökologischen Gleichgewichts der Meere. Das wissen wir alle. Es müssen grösste Anstrengungen unternommen werden, damit die Weltmeere nicht veröden. In den letzten Jahren ist jedoch einiges passiert, was wieder zu etwas Hoffnung Anlass gibt und von den Medien viel weniger wahrgenommen wird. Viele Länder haben Fangquoten festgelegt, die zu einem guten Teil auch eingehalten werden. So wimmelt es beispielsweise heute in der russischen Barentsee wieder von Kabeljau, und in der Ostsee haben sich die Heringbestände weit gehend erholt. «The Marine Stewardship Council» (MSC) ist ein wichtiges Label geworden, das in Zusammenarbeit mit dem WWF Fanggebiete zertifiziert, die nachhaltig befischt werden. Das heisst, in diesen Gebieten werden nicht mehr Fische gefangen, als nachwachsen. Fische mit dem MSC Label können Sie in den Läden finden. Dies betrifft vor allem den Tiefkühl- und den Konservenfisch. Ökologisch noch sinnvoller ist die so genannte Küstenfischerei mit kleinen Booten. Diese traditionelle Fangmethode ist weniger rationalisiert, gefährdet deshalb die Fischbestände nicht und bietet zudem einer grossen Zahl von Menschen in ärmeren Ländern ein Einkommen. Zum Schluss ein Bio-Fischrezept:

bio-salm auf kartoffeln mit bioquark und zitrone

_ Pro Person 1 dicke Salmtranche salzen, mit Butter bestreichen und die Oberfläche mit einem Pergamentpapier luftdicht abdecken (den Fisch nicht einpacken!). Gekochte Kartoffeln in dicke Scheiben schneiden und in viel Butter anbraten und kräftig salzen. Die abgedeckten Salmtranchen auf die Kartoffeln setzen und für 8 Minuten bei 120° in den Ofen stellen. Der Fisch soll noch halb roh, aber durchgehend warm sein. Das Papier entfernen, den Fisch mit Zitronensaft und abgeriebener Schale würzen und auf den Kartoffeln anrichten. Dazu ein Töpfchen Bio-Quark oder Sauerrahm servieren.

der backofen

_ Ab und zu, leider immer seltener, koche ich in Privatküchen. Vielleicht bin ich ein Spanner, denn ich finde es spannend, in fremde Küchen zu gucken. Abgesehen von den schrecklichen, durchgestylten Designerküchen sind es oft sehr intime Räume. Einerseits merke ich das beim Betreten an meiner eigenen leichten Gehemmtheit, andererseits auch an den leicht verlegenen und entschuldigenden Kommentaren der mich begleitenden Gastgeber. Tatsächlich erzählt der Inhalt eines Kühl- oder Geschirrschranks viel über seinen Besitzer. Ich bin auch immer wieder von neuem verblüfft, was da an innovativen und originellen Gerätschaften, Maschinen und Werkzeugen herumsteht. Allein beim Korkenzieher oder Büchsenöffner sind dem menschlichen Erfindergeist offenbar kaum Grenzen gesetzt. Die meisten Einrichtungsgegenstände sehen allerdings jeweils ziemlich unbenutzt aus, was keinesfalls gegen ihre Besitzer spricht. Merkwürdigerweise fehlen aber in vielen Küchen drei Dinge, die ich zum Kochen unbedingt brauche: Ein grosses, schweres Schneidebrett als Arbeitsfläche, ein grosses Küchenmesser mit scharfer, glatter Klinge und ein zweiter Backofen. Die ersten zwei Dinge sind auf Anhieb einleuchtend, der zweite Backofen hingegen ist erklärungsbedürftig.

_ Um Backöfen geht es mir hier. Ein Ofen kann nämlich viel mehr als einfach nur backen. Ich denke dabei nicht an die vielen kleinen Mahlzeiten des Alltags, obschon man auch hier den zweiten Ofen sehr gut als Tellerwärmer benutzen kann. Backöfen sind vor allem bei mehrgängigen Festessen für eine grössere Anzahl von Gästen von unschätzbarem Wert. Eine Situation also, die sich einbisschen mit einem Restaurant vergleichen lässt, wo auch die verschiedensten Speisen gleichzeitig für viele Gäste zubereitet werden müssen. Gerade bei ganz grossen Küchenchefs habe ich immer wieder festgestellt, dass sie vor allem das komplexe und sekundengenaue Zusammenspiel von Vorbereitung und Fertigstellung der verschiedenen Gerichte perfekt beherrschen. In einer Profiküche hat man dazu die verschiedensten Geräte wie Umluftöfen, Wasserbäder, Holdomaten oder Salamander zur Verfügung. In der Privatküche genügen zwei Backöfen. Der eine sollte mit einer Grillschlange ausgerüstet sein, der andere mit einem Thermostaten, der auch bei 60 bis 100 Grad funktioniert. Diese zwei Öfen sind das logistische Zentrum, um das herum das ganze Essen geplant wird, und ohne genaue Planung geht es auch mit der besten Kücheneinrichtung nicht. Eine Freundin von mir und perfekte Gastgeberin macht sich im Voraus jeweils sogar einen schriftlichen Ablaufplan. Wieso aber braucht es zwei Öfen? Das hängt mit ihren vielen, verschiedenen Funktionen zusammen:

_1. Während auf der Herdplatte die Hitze nur von unten kommt, wirkt sie im Ofen von allen Seiten gleichmässig. Auf dem Herd muss man sie ständig drehen und aufpassen, dass sie nicht anbrennen oder zu stark einkochen.

_2. Im Ofen kann man mit der Grillschlange auch nur Oberhitze geben. Das ist wichtig, um Gerichte zu caramelisieren, zu glasieren oder zu gratinieren. Das lästige und schwierige Anbraten auf dem Herd erübrigt sich.

_3. Andererseits gibt es Gerichte wie Eierspeisen oder gewisse Fischgerichte, die keinesfalls mehr als 80 Grad bekommen sollten. Dafür benötigen wir den zweiten Ofen. Zudem kann man praktisch alle Speisen für eine gewisse Zeit warm stellen, ohne dass sie an Qualität verlieren. Das schafft Platz und Zeit für andere Arbeiten.

_4. Auf gut vorgewärmten Tellern kühlt das Essen viel weniger schnell ab, und vor allem wirkt auf einem heissen Teller auch ein lauwarmes Essen immer noch genügend heiss – eine kleine, praktische Täuschung, die funktioniert. Auch dafür benötigt man den zweiten Ofen.

(das Ofenrezept)

seeteufel mit karamellisierten tomaten und aceto balsamico

_400 g frisches Seeteufelfilet (Baudroie) am Stück, Salz, Pfeffer, Zitronensaft, Sojasauce. 4 mittelgrosse aromatische Tomaten, 2 Knoblauchzehen, fein gehackt, 2 EL erstklassiger Aceto balsamico, 1 Kl frische Butter, 2 EL Tomatensaft, 2 EL Olivenöl. Den Seeteufel würzen und bei Zimmertemperatur marinieren lassen, die Tomaten halbieren und die Schnittflächen mit Salz, Aceto Balsamico und Knoblauch würzen. In einer weiten Bratpfanne die Butter schmelzen und die Tomaten mit der Schnittfläche nach unten leicht karamelisieren. Die Tomaten umdrehen, den Fisch dazulegen und rundum leicht anbraten. Die Pfanne bei 160° in den Ofen schieben und 10–20 Minuten, je nach Dicke des Fisches, schmoren lassen. Garprobe: Den Fisch an der dicksten Stelle bis in die Mitte einschneiden, er soll innen noch leicht glasig sein. Fisch und Tomaten herausnehmen und warm stellen. Den Bratensaft in ein kleines Pfännchen giessen, Tomatensaft und Olivenöl einrühren, so dass eine leicht cremige Sauce entsteht. Den Fisch aufschneiden, mit den Tomaten anrichten und mit der Sauce übergiessen.

fressen und moral

_Grüezi Herr Brunner, mit dem Tipp zur Eiweissverwertung bin ich gar nicht einverstanden. Erstens gehöre ich der Generation an, die mit dem Wegwerfen von Lebensmitteln Mühe hat. Das Zweite ist, es gibt zirka 48 Aminosäuren, wovon 7 essenziell sind und die der Körper nicht selber herstellen kann. Das Eiweiss von Eiern ist eines der hochwertigsten, auch wenn es zu 90 Prozent aus Wasser besteht. Falls ich das Eiweiss nicht gleich brauchen kann, geht es sehr gut zum Einfrieren. Es gibt so viele Möglichkeiten neben Meringues oder Kuchen: Meringagen, das Nationaldessert der Neuseeländer, Pavlova, geschlagen mit etwas Zucker unter Quark- oder Fruchtcrèmes, für Terrinen, für leichtere kalte Chinoisesaucen usw.» (Name dem Kolumnisten bekannt)

_ Liebe Frau, das ist mir, wie Sie sicher erwartet haben, alles wohl bekannt. Trotzdem will ich mein Eiweiss weiterhin wegschmeissen, wenn ich es nicht brauche, denn ich esse, wie praktisch alle Schweizerinnen und Schweizer, ohnehin mehr als genug Aminosäuren. Meringues mag ich nicht, die Chinoisesaucen mag ich nur mit Butter und Öl und Fruchtterrinen nur mit Rahm. Und ich habe deswegen überhaupt kein schlechtes Gewissen, denn kein einziges hungerndes Kind in der Welt bekommt mehr zu essen, wenn ich mein Eiweiss nicht wegschmeisse. Falls Sie Ihr schlechtes Gewissen nicht loswerden können, folgender Vorschlag: Jedes Mal, wenn Sie ein Eiweiss, ein Stück Brot oder einen Löffel Kartoffelstock wegschmeissen, legen Sie einen Fünfliber in ein Sparschweinchen und spenden das Geld der Hilfsorganisation Brot für alle. So sind Sie Ihr schlechtes Gewissen los, und hungernde Kinder profitieren davon.

_ Natürlich ist es ein Skandal, dass Millionen von Menschen hungern müssen, obschon es genügend Nahrung auf der Welt gäbe. Um dieses Problem anzugehen, würde es aber weit mehr nützen, wenn wir Schweizer die Importzölle auf Nahrungsmittel aus Entwicklungsländern abschaffen würden. Ich bekomme immer wieder schwer moralisierende Briefe von Leserinnen und Lesern, die mir vorschreiben wollen, wie und was ich zu kochen habe: Fische aus Wildfang nicht, weil die Weltmeere leer gefischt werden, Zuchtfische ebenfalls nicht, wegen der quälerischen Zuchtbedingungen. Essensabfälle darf ich nicht wegschmeissen, die müssen in den Schweinekübel, obschon sie für die Schweine eine äusserst ungesunde Nahrung sind und die Schweinemäster vor allem an der Abholgebühr verdienen. Stammbriefschreiber sind auch die Vegetarier, deren Motivation ich sehr gut nachvollziehen kann. Für mich ist das Töten ohne Not von Lebewesen, einzig zum Essgenuss, auch immer wieder eine Irritation. Wieso jedoch Pferde, Rehe, Hummer oder Katzen besonders schützenswerte Tiere sein sollen, leuchtet mir wiederum gar nicht ein. Ohne Ende ist die Liste der Lebensmittel, die ich nicht verkochen darf, weil sie angeblich ungesund sind: Eier, Innereien, Weissbrot, Zucker, Schweineschmalz, Butter. Umgekehrt subventionieren wir massiv die Produktion von Butter, Zucker, ja sogar den Anbau von Tabak und Wein, mit Millionen. Alles spricht von Bio – effektiv boomt die Nahrungsmittelindustrie. Regimenter von Ernährungsberatern ernähren sich davon, dass sie immer mehr neue Ernährungsvorschriften für die zunehmend ratlosen und verunsicherten Konsumenten austüfteln. Die Situation ist irrwitzig: Noch nie in unserer Geschichte waren wir Schweizer so gut ernährt. Gleichzeitig gab es noch nie so viele Ernährungsge- und -verbote. Wir Zürcher waren allerdings schon seit der Reformation Zwinglis für unsere Fastenregeln berühmt-berüchtigt. Mit dem Wegfallen dieser religiösen Regeln leiden wir nun offenbar unter der unerträglichen Leichtigkeit des Überflusses und lassen uns lieber von Umweltaposteln und Gesundheitspriestern an der Hand nehmen, als das Essen und das Leben in vollen Zügen zu geniessen.

PC 40-948-9

_ Ganz im Zeichen der kommenden Adventszeit gebe ich Ihnen einmal das Rezept zur Verwertung von Speiseresten: Brot für alle, PC 40-984-9. (Zur Sühne für die sarkastischen Sprüche wurde das Honorar für diese Kolumne ebenfalls einbezahlt.)

der ich-gast

_ Der Ich-Gast ist laut einer Studie von Gastrosuisse der neuste Trend in der Restaurantszene. Er will sein Essen kreuz und quer durch die Karte nach Lust und Laune kombinieren und portionieren können. Wir alle können uns das gut vorstellen. «Food Moduling» heisst das Konzept für den Ich-Gast, und wie alle neuen Trends kommt es natürlich aus Amerika. Dabei ist diese Idee nicht so wahnsinnig neu: Die legendären Hors-d'oeuvre chauds im alten Grand Hotel Dolder waren nichts Anderes: Ein riesiges Angebot an warmen und kalten Gerichten, aus denen man sich auf den Teller häufen konnte, was der Bauch begehrte. Bindella macht das ebenfalls mit seinen fabelhaften Antipasti-Buffets in einigen seiner Restaurants schon lange. Und wer kennt nicht die mehr oder weniger appetitlichen Buffets in den Ferienhotels auf der ganzen Welt. Das alles ist «Food Moduling».

_ Es stimmt schon, auch wir stellen in unserem Restaurant fest, dass die Gäste individualistischer werden. Die Sonderwünsche nehmen von Jahr zu Jahr zu und beanspruchen an gewissen Abenden bis zu einem Viertel der Aufmerksamkeit unserer Servicemitarbeiterinnen. Natürlich geht das zum Teil auf Kosten der Zeit, die für alle anderen Gäste zur Verfügung steht. Und hier erst beginnt das Thema interessant zu werden. Die meisten Schweizer Wirtinnen und Wirte möchten so weit als möglich die Wünsche ihrer Gäste erfüllen, denn zufriedene Gäste sind angenehmere Gäste und kommen auch wieder. Brisant wird es da, wo dieses Bestreben an objektive Grenzen stösst. Da kommt dann der echte Ich-Gast zum Zug. Ein Beispiel: Ein Herr hat bei uns für einen Freitagabend für vier Personen reserviert. Das Lokal ist an diesem Abend ausgebucht; besagter Herr kommt, sitzt ab und bestellt, ohne in die Karte zu gucken, gebackene Eglifilets. Leider haben wir aus diesem Abend wie oft keine Eglifilets auf der Karte. Besagter Gast steht auf und verlässt mit seinen Gästen unser Lokal, und der Tisch bleibt natürlich unbesetzt. Das ist ein echter Ich-Gast!

_ Der Ich-Gast will aber nicht nur genau bestimmen, was er isst, er will beispielsweise auch entscheiden, ob geraucht werden darf. Weiter will der Ich-Gast seinen Tisch selbst auswählen können. Natürlich am Fenster, wo leider nur ein Viertel unserer Tische steht. Die Ich-Gast-Mutter erwartet, dass alle anderen Gäste und auch unser Serviceteam eine wahnsinnige Freude haben, wenn ihr Baby zwischen den Füssen herumkrabbelt oder pausenlos schreit. Der Ich-Gast versteht nicht, warum er für eine halbe Portion mehr als den halben Preis bezahlen muss, und er versteht auch nicht, warum die Wartezeit länger dauert, wenn er bei jedem Gericht persönliche Änderungswünsche hat. Denn der Ich-Gast ist sehr ungeduldig. Und jetzt komme ich wieder auf das «Food Moduling» zurück, das passende Modell für jeden Ich-Gast: Hier stehen ihm eine bestimmte Anzahl Komponenten zur Verfügung, die er im Idealfall bereits vor dem Betreten des Lokals genau kennt, beispielsweise bei McDonald's. Innerhalb dieses engen Rahmens ist er nun wirklich König und bekommt genau das, was er erwartet, schnell und immer gleich. Allenfalls stören noch andere Gäste, aber man kann das Essen auch nach Hause mitnehmen oder noch besser, gleich im Auto verspeisen. Nicht per Zufall sind es vor allem Restaurants aus der Systemgastronomie, die sich jetzt mit «Food Moduling» profilieren können, denn um alles gleichzeitig und beliebig kombinierbar anbieten zu können, muss vieles vorgefertigt sein und darf die Zubereitung nicht viel Zeit beanspruchen. In einigen asiatischen Restaurants kann man dabei sogar noch zugucken. Für mich ist ein Restaurant jedoch ein ausgesprochen sozialer Ort, wo die verschiedensten Menschen zusammenkommen. Wo wir als Gastgeber Gäste empfangen und verwöhnen möchten, umgekehrt aber auch respektiert werden möchten. Wo vor allem auch alle Gäste in etwa gleich viel Aufmerksamkeit bekommen sollen. Für mich als Koch beanspruche ich auch, dass sich die Gäste auf meine Ideen und meinen Stil ein Stück weit einlassen und unabhängig von ihrem persönlichen Geschmack neugierig sind. Deshalb, liebe Ich-Gäste: Bleibt unserem Lokal um Gottes willen fern.

traumberuf

_ Kochen ist ein tolles Hobby: Im Vergleich zu Briefmarkensammeln kreativ, im Vergleich zu Autofahren ökologisch, im Vergleich zu Bungyjumping gesund, im Vergleich zum Internetsurfen sinnlich und im Vergleich zu Boxen menschenfreundlich. Doch Koch ist ein schrecklicher Beruf, und ich rate jedem Jugendlichen von einer Kochlehre ab. Auch dieses Jahr flattern wieder stapelweise Lehrlingsbewerbungen auf meinem Schreibtisch, und ich habe Dutzende von Bewerbungsgesprächen mit jungen Menschen geführt, die diesen Beruf erlernen möchten. Mir scheint, das Interesse nimmt von Jahr zu Jahr eher zu, und erfreulicherweise sind immer mehr junge Frauen dabei. Im Gegensatz zu meinem damaligen Kochfachlehrer meine ich, dass Frauen für den Kochberuf mindestens so talentiert sind wie Männer, zurzeit haben sie in meiner Küche eine knappe Mehrheit. Allerdings sind «shoppen, Musik hören, mit Kolleginnen Frisuren ausprobieren, schminken» (Zitate aus Bewerbungsunterlagen) als Hobbys keine optimale Voraussetzung für diesen knallharten Beruf: Man beginnt morgens früh und kommt meist erst abends spät wieder nach Hause. Man arbeitet, wenn die Kollegen im Ausgang sind oder Sport treiben. Man ist körperlich oft so müde, dass man in der Freizeit hauptsächlich schläft. Oft ist es in der Küche bis 40 Grad heiss, man verbrennt sich an Händen und Armen, manchmal auch im Gesicht. Man bekommt fettige Haare und schmutzige Hände, manchmal schmerzen die Füsse, manchmal der Rücken. Drei Jahre sind eine lange Zeit, und man verbringt einen grossen Teil davon mit Routinearbeiten. Eine Kochlehre ist nichts für sensible, kritische und soziale Menschen, denn in Küchen geht es oft hektisch, ruppig oder ungerecht zu und her. Ständig wird man kritisiert, von den Gästen, vom Chef, von den anderen Köchen, von den Servicemitarbeitern. Alkohol, Drogen und psychische Probleme kommen im Gastgewerbe nach meinen Erfahrungen häufiger vor als in vielen anderen Berufszweigen. Überdurchschnittlich viele Kochlehrlinge brechen ihre Lehre ab, und diejenigen, die ihre Lehre erfolgreich abschliessen, arbeiten mehrheitlich nach ein paar Jahren nicht mehr in diesem Beruf. Wenn diese Zeilen ein paar Junge von einer Kochlehre abgeschreckt haben, haben sie ihr Ziel erreicht, denn es gibt in unserer Gesellschaft wirklich attraktivere und vor allem auch besser bezahlte Berufe.

_ Als ich mich vor Jahrzehnten entschied, vom Lehrerberuf auf Koch umzusatteln, war meine heiss geliebte Grossmutter, die in einem Gastbetrieb aufgewachsen war, hell entsetzt und hat mir beinahe ihre Liebe aufgekündigt. Die Chancen, dass man es als Koch zu einem glücklichen und harmonischen Familienleben mit Kindern bringt, sind nicht grösser als für einen Filmstar. In meinem Bekanntenkreis gibt es weder den einen noch den anderen. Einer, der offenbar beides geschafft hat, ist Jamie Oliver, erfolgreicher Kochstar und glücklicher Familienvater. Aber auch bei ihm sollten wir vor einer definitiven Beurteilung vielleicht noch ein paar Jahre zuwarten. Was den Starkult betrifft, sind die Londoner ohnehin eine Klasse für sich – nicht erst seit Jamie Oliver: Marco Pierre White etwa, der Londoner Kultkoch der 90er-Jahre, soll einem Gast, der unbedingt Pommes frites zu seinem Filetsteak haben wollte, 400 Pfund dafür verrechnet haben. Ich will keinesfalls die Kochkollegen in Frage stellen, die es geschafft haben, Familienleben und Kochberuf in Einklang zu bringen. Ihnen gehört mein allergrösster Respekt. Aber es ist nur fair, junge Menschen darauf hinzuweisen, dass die Chancen dafür verdammt schlecht sind. Und jungen Frauen, die eine Familie gründen wollen, rate ich: Haltet euch an meine Grossmutter, und lasst die Hände von Köchen! Viele Leser werden nun die berechtigte Frage stellen, warum ich noch in diesem verrückten Beruf arbeite und jeden Tag erneut davon fasziniert bin. Offen gestanden, ich weiss es nicht genau. Manchmal hoffe ich, dass ich ein Burnout bekomme und mich für ein paar Monate krank schreiben lassen muss. Dann hätte ich Zeit, vertieft darüber nachzudenken. Vorher muss ich aber unbedingt noch einige Ideen ausprobieren, die mir auf meiner letzten Reise durch die Bretagne gekommen sind.

kochkunst

_ Kochen ist für mich ein Handwerk, und für mindestens 999 Promille meiner Kochkollegen auch. Je nach Qualität des Handwerkers ist ein Essen geschmackvoll, bekömmlich, raffiniert, beglückend, kurz ein Genuss – oder eben nicht. Es gibt wie in jedem Beruf Könner und Stümper. Ganz, ganz wenige Köche, sie sind so selten wie Edelweiss in den Alpen, erreichen mit ihrer Arbeit den Punkt, an dem ein Gericht zu einem magischen Erlebnis wird, das einem als Gast berührt und das man sein Leben lang nicht mehr vergisst. In einem solchen Augenblick erhält das Essen eine zusätzliche transzendentale Dimension, die nicht mehr mit rein kulinarischen Kriterien zu erfassen ist.

_ Das Kochen wird zur Kunst, der Koch zum Künstler und das Essen zum Kunsterlebnis. Ich habe solch magische Momente der Kochkunst vielleicht fünf- bis sechsmal in meinem Leben erfahren. Davon möchte ich Ihnen erzählen und gleichzeitig überlegen, was diese Essen für mich zu Kunstwerken und diese Köche zu Künstlern gemacht haben könnte. Einmal war das bei Alain Ducasse im Louis XV in Monte Carlo, wohl einem der schönsten Restaurants der Welt. Prunkvoller und äusserst raffinierter Jugendstil. Meine Frau und ich wären in dieser Umgebung völlig deplatziert gewesen, wenn das überhaupt irgendeine Rolle gespielt hätte. Aber in solchen Etablissements sieht man heute Männer im Smoking, Frauen im Tschador und Jungs im Poloshirt friedlich vereint. Die Szene war an sich schon surreal, aber dazu kam noch, dass unmittelbar vor dem Hotel irgendwelche Autorennfahrer vorbeirasten und einen Höllenlärm verursachten. Von dem ganzen Essen ist mir noch ein Gericht im Gaumen in Erinnerung. Es war ein Feuilleté aus Blätterteig, gefüllt mit kleinem Gemüse aus der Region. Ein äusserst schlichter Teller also. Aber die verschiedenen Aromen der Gemüse waren von solcher Intensität, Raffinesse und Harmonie, dass man bei jedem Bissen das Gefühl hatte, man würde sich die provençalische Sonne und die unbeschwerte Heiterkeit der Côte d'Azur einverleiben. Wir fühlten uns, als würden wir unmittelbar in einem Bild von Henri Matisse sitzen. Ich habe später bei Alain Ducasse nachgelesen, mit wie viel Engagement und Liebe er sich mit den Produkten und den Produzenten dieser Landschaft auseinander setzt. Die Gäste daran teilhaben zu lassen, das ist Kunst. Eine andere Sternstunde erlebten wir bei Michel Bras, dessen Hotel in den einsamen Hügeln des Aubrac von weitem wie eine grosse Alpsennerei aussieht, eine Sennerei der Luxusklasse allerdings. Dort haben wir schneeweisse Seeteufelmedaillons in einer pechschwarzen

Oliventapenade gegessen. Bras hat uns erzählt, wie er oft durch die einsamen Hochebenen der Umgebung wandert und die Landschaft aquarelliert. Ein Aquarell des weiten Himmels mit den vorüberziehenden Wolken hat ihn zum Teller mit den weissen Seeteufelwolken auf dem schwarzen Olivenhimmel inspiriert. Michel Bras führt ein Tagebuch, in dem er Gedanken notiert und Ideen mit eleganter Souplesse zeichnet. So hat er uns die Skizze eines Desserts gezeigt, leider konnten wir es nicht probieren, das durch die Sagrada Familia von Antoni Gaudi in Barcelona inspiriert ist. In die Reihe der Kochkünstler gehört auch Ferran Adrià, den ich immer wieder erwähnen muss, weil er einfach einen enormen Einfluss auf die Kochkunst ausgeübt hat. Er hat für mich am prägnantesten formuliert, was den Könner vom Künstler unterscheidet: «Ich habe mich eines Tages entschieden, nichts mehr zu kopieren, nicht einmal mich selber!» Mit anderen Worten, erst mal alles zu hinterfragen, was er bisher gemacht und gelernt hatte, und immer wieder bei null anzufangen. Jede seiner Kreationen ist also ein aus sich heraus geschaffenes Originalwerk, eine Grundvoraussetzung für jede Kunst.

_Es ist die Ironie unserer Zeit, dass seine Ideen sofort weltweit verbreitet und kopiert wurden und heute auch in ambitionierten Schweizer Landgasthöfen anzutreffen sind. Ein Koch, der in seiner Blütezeit alle anderen anerkanntermassen überragte, ist der Waadtländer Frédy Girardet. Was seine Küche so einzigartig machte, entzieht sich meinen Worten. Denn bei aller technischen Raffinesse war sie einfach und bodenständig – und schlicht vollkommen. Er selbst verstand sich immer als bodenständiger Waadtländer und war völlig unberührt von irgendwelchen Modeströmungen. Ein Bild mag eine Ahnung vermitteln, um was es ihm ging: Sein legendärer Käsewagen war mit 40 verschiedenen Sorten bestückt – ausnahmslos perfekt gereifte Schweizer Käse! Mit seinem Rückzug aus der Gastronomie 1996 ist auch seine Kunst Geschichte geworden. Kochen ist eine flüchtige Kunst.

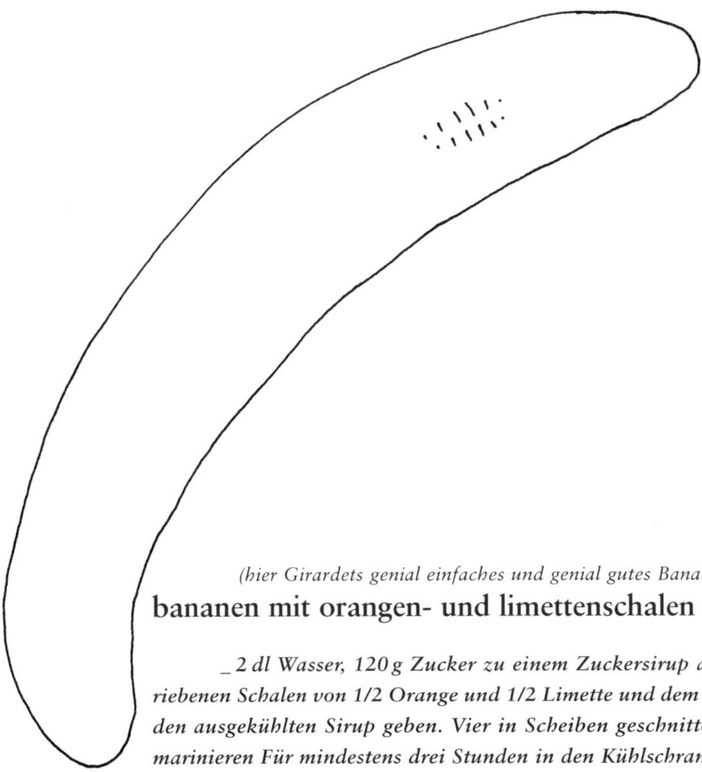

(hier Girardets genial einfaches und genial gutes Bananenrezept)

bananen mit orangen- und limettenschalen

_ 2 dl Wasser, 120 g Zucker zu einem Zuckersirup aufkochen. Die abgeriebenen Schalen von 1/2 Orange und 1/2 Limette und dem ausgepressten Saft in den ausgekühlten Sirup geben. Vier in Scheiben geschnittenen Bananen damit marinieren Für mindestens drei Stunden in den Kühlschrank stellen.

el bulli 1983–2003

_ Wenn Sie kein Kochfreak sind, bitte nicht weiterlesen, Sie würden nur verständnislos den Kopf schütteln. Es geht um ein irrsinniges Kochbuch.

_Falls Sie ein Kochfreak sind, das Buch kaufen und lesen, wird nachher in Ihrer Küche und in Ihrer kulinarischen Hirnhälfte nichts mehr sein, wie es vorher war. Allerdings müssen Sie vorerst 500 Franken in die Hand und einen Monat Urlaub nehmen: Das Werk umfasst 2000 Rezeptseiten, 1000 Fotos und 3 CDs, ist in drei Bände gegliedert, wobei erst der zweite und dritte erschienen sind. Der erste folgt 2007 nach. Jeder Band kostet 250 Franken. Das Ganze ist das minuziöse Protokoll von zwanzig Arbeitsjahren eines Kochgenies. Ohne jeden Zweifel ist es das bedeutendste Kochbuch, seit 1902 der «Guide culinaire» von Auguste Escoffier erschienen ist, also seit ziemlich genau 100 Jahren. Man wird in Zukunft die Kochkunst in eine Zeit vor und nach «el Bulli 1983–2003» einteilen. So heisst das Werk, und Ferran Adrià heisst sein Autor. Die epochale Bedeutung bekommt das Werk nicht aus seinem Umfang, sondern aus der Philosophie seines Autors, die Adrià unter dem Begriff «Der 6. Sinn» folgendermassen umschreibt: «Ironie, Provokation, Humor, Kindheitserinnerungen, Dekontextualisierung usw. sollen Emotionen in unserer Küche hervorrufen, in der Absicht, eine neue Komponente in die Gastronomie einzuführen: den Verstand. Das heisst, die Fähigkeit, die Küche nicht nur mit dem Gaumen, sondern auch mit der Intelligenz zu geniessen.»

_Im wunderbaren Garten des Restaurants «el Bulli» in Las Roses bei Barcelona hat uns Adrià den Moment seiner Erleuchtung vor 20 Jahren so beschrieben: «Eines Tages entschied ich mich, alles Gelernte zu vergessen und nichts mehr zu kopieren, nicht einmal mich selber!» Seither erfindet er mit seinem inzwischen riesigen Team seine Küche jedes Jahr von neuem. Seit 1990 wird dieser Prozess minuziös analysiert und protokolliert mit dem vorläufigen Ergebnis des vorliegenden Kochwerks. Es ist ausgeschlossen, hier auch nur annähernd den Inhalt zusammenzufassen. Ich kann aber wenigstens kurz die Struktur des Buches umschreiben. Jeder Band umfasst drei Teile: Die Übersichtsgrafik ist ein Faltkarton und zeigt eine Entwicklungsanalyse der Arbeitsorganisation, der Philosophie, der neuen Produkte, Technologien und Zubereitungsarten sowie der typischen Stile und Charakteristiken der jeweiligen Jahre. Das Buch enthält einen wundervollen Fotokatalog und eine Art Tagebuch und Arbeitsprotokoll. Die CD listet detailliert sämtliche Rezepte auf und zeigt verschiedene Videos über das Restaurant. Es ist klar: Wenn sich jemand entscheidet, alles zu vergessen, was er gelernt hat, zwanzig Jahre mit diesem Nichtwissen wie ein Besessener weiterarbeitet und dabei seine Intelligenz, seinen Humor und seine Provokationslust einsetzt, kommt er zu ziemlich spektakulären Ergebnissen: heisse Gelatineravioli, grillierte Sorbets, Algenwolken, Eislutscher aus grünen Spargeln, Schokoladebrot mit Olivenöl, süsses Vanillekartoffelpüree sind ein paar Beispiele. Diese Gerichte klingen sehr schräg, aber ich kann Ihnen versichern, die Rezepte sind noch viel schräger als ihre Namen. Wenn man das Buch jedoch genauer studiert, macht alles Sinn und hat alles seine Logik. Und aus eigener Erfahrung weiss ich, alles ist nicht nur essbar, sondern ein einmaliges kulinarisches Feuerwerk.

_Das grandiose Werk hat nur einen Nachteil, und hier ist Adrià nicht ganz konsequent: Die Rezepte sind alle minuziös beschrieben und viele auch relativ einfach nachzukochen. Trendbewusste Köche haben das längst bemerkt, und so werden Adriàs Erfindungen in den Restaurants auf der ganzen Welt mit wenig Aufwand millionenfach kopiert. So bekommen wir zurzeit und in nächster Zukunft überall diese heissen und kalten Schäume, die Wolken und Schwämme und all die kleinen Spiesschen und Tellerchen mit Adrià-Kopien vorgesetzt. Das wird nach dem zweiten oder dritten Mal aber bereits öd, denn diese Gerichte leben vor allem vom Witz und von der Überraschung. Adrià wird das nicht gross stören, denn mit seinen neuen Ideen ist er bereits über alle Berge. Trotzdem widerspricht die Kopie zutiefst dem Wesen seiner Küche, und ich verstehe nicht ganz, warum er seine Ideen nicht nur skizziert hat und damit die andern Köche mindestens dazu gezwungen hätte, sich ein bisschen eingehender damit auseinander zu setzen.

(hier ein witziger Aperosnack von Ferrran Adrià)

kandierte kürbiskerne

_150 g Kürbiskerne mit kaltem Olivenöl bedecken und langsam unter ständigem Rühren erhitzen, bis sie eine goldbraune Farbe annehmen. Die obenauf schwimmenden Kerne abschöpfen und auf einem Küchenpapier abfetten. 60 g Zucker und 20 g Wasser aufkochen. Die Kürbiskerne dazu geben und mit einem Spachtel rühren, bis der Zucker die Kürbiskerne umhüllt. In eine Bratpfanne geben und bei mittlerer Hitze, unter ständigem Rühren, karameliseren. Darauf achten, dass die Kürbiskerne nicht zu sehr zusammenklumpen. Auf ein Blech ausbreiten, verklebte Kerne trennen und in warmem Zustand leicht salzen.

denis le téméraire

_ Es gehört nicht zu meinen Aufgaben, über Restaurants oder andere Köche zu schreiben. Doch jetzt muss ich wieder einmal eine Ausnahme machen, weil über ihn so viel Unsinn geschrieben wird: Denis Martin. Er ist der einzige Schweizer Koch, der seit vielen Jahren ernsthaft das betreibt, was man als Cuisine moléculaire bezeichnet. Ein Besuch in seinem Restaurant Le Château in Vevey ist ohne Übertreibung ein Abenteuer – und trotzdem alles andere als simple Erlebnisgastronomie. Denis Martin ist vor allem und zuerst ein herausragender Koch von kühnem Temperament, der seit über dreissig Jahren seinen ureigenen Weg geht. Um ihn und seine Küche besser zu verstehen, braucht es einen kurzen Abriss seines Lebens: Denis Martin wurde vor gut 50 Jahren in der Romandie geboren. Aus familiären Gründen brach er im fünfzehnten Lebensjahr die Schule ab und begann eine Kochlehre, die er mit 17 abschloss. Anschliessend arbeitete er in der Comestibles-Branche und tourte dabei rund um die Welt. Mit 25 eröffnete er zusammen mit seiner Frau Clara sein erstes Restaurant am Genfersee und kochte ausschliesslich Fische und Meeresgetier. Eine Geschäftsidee, die in dieser behäbigen Gegend zur damaligen Zeit nicht wirklich erfolgreich sein konnte. Dieses Restaurant gab er zwar auf, aber dem eigenen Weg blieb er treu. Vor rund fünfzehn Jahren entdeckte er für sich den Molekularkoch Ferran Adrià, als bei uns noch kein Mensch von diesem Genie sprach. Gleichzeitig lernte er Hervé This kennen, den bedeutendsten Theoretiker und Botschafter der Gastronomie moléculaire und Professor am Collège de France, und er wurde zu einem von dessen bevorzugten Köchen. Denis Martin ist für mich als Koch heute ohne Zweifel der spannendste und anregendste Berufskollege in der Schweiz. Was ist nun so besonders an ihm? Eigentlich alles, muss ich sagen, nachdem wir während eines unvergleichlichen Abends mit ihm in seiner Küche und im Restaurant bis morgens um 3 Uhr Schlag auf Schlag von einer Überraschung zur nächsten purzelten. Nur vom Zuhören und Zugucken fix und fertig fielen wir am Schluss in unsere Hotelbetten, während er sich nach seinen üblichen zwei Stunden Schlaf bereits wieder auf den Weg zu einer Fernsehaufzeichnung machte. Doch der Reihe nach: Im Restaurant Le Château gibt es nur ein Menü, mit zweiundzwanzig Gängen. Im Gegensatz zu Ferran Adrià, der über vierzig Köche gebietet, schafft Denis Martin das mit nur vier Köchen. Die zweiundzwanzig Gänge sind eine orchestrale Komposition von wuchtigen, subtilen, witzigen, romantischen, schmelzenden, kühl durchdachten Geschmackssensationen. Für mich vergleichbar mit einem romantischen Orchesterwerk.

_Es unmöglich mit ein paar Beispielen diesem Gesamtwerk gerecht zu werden. Jeder Gang würde eine eigene Kolumne füllen. Trotzdem versuche ich Ihnen mit zwei kleinen Rezeptskizzen einen kleinen Eindruck zu vermitteln: Das Birchermüesli aus Entenleber: Im kleinen Schüsselchen sieht die geraspelte gefrorene Foie gras aus wie Haferflocken. Darüber gibt Denis Martin getrocknete Beeren, Sultaninen und Schokoladesplitter. «Wo ist da die Milch?», denke ich beim Zuschauen. Beim Essen wird alles klar: Es ist die Foie gras, welche im Mund zu einer rahmigen Crème schmilzt. Dafür übernehmen die knusprigen Beeren die Textur der Getreideflocken.

_Die Gewürzzigarre: Ein luftiges Gewürzbiskuit ist in Zigarrenform geschnitten und tiefgefroren. Wenn man hineinbeisst, kommt, wie in der kalten Winterluft, der kondensierte Atem aus Mund und Nase und es sieht tatsächlich aus, als würde man rauchen. Das wirkt so witzig, dass an jedem Tisch, wo dieser Gang serviert wird, ungläubiges Lachen ausbricht, und jeder Komiker wird Ihnen bestätigen, wie schwierig es ist, eine Abendgesellschaft zum Lachen zu bringen. Denis Martin ist aber kein Unterhaltungskünstler, sondern vor allem ein exzellenter Koch, der das harmonische Zusammenspiel von Gerüchen, Geschmäckern, Temperaturen und Texturen souverän beherrscht. Er könnte auch ein klassisches Spitzenrestaurant führen, wenn er dies wollte. Aber das würde ihn wohl enorm langweilen. Sicher, das ist kein Essen für alle Tage, nicht einmal für alle Festtage. Denis Martin selbst mag keine häufigen Stammgäste, wie er kokett bemerkte. Er betont, die Cuisine moléculaire sei eine elitäre Küche und solle es auch bleiben, denn sie sei in jeder Beziehung extrem aufwändig. Um sich eine Meinung über die Küche von Denis Martin zu bilden, muss man deshalb in Vevey das Original besuchen, im wörtlichen wie im übertragenen Sinn.

(hier ein einfaches Rezept, dass sich ohne spezielle Hilfsmittel nachvollziehen lässt)

kaninchenfilet mit grünen spargeln und limetten

_4 Kaninchenfilets in Würfel schneiden und in sehr heissem Olivenöl anbraten. Das Fleisch beiseite stellen und in derselben Pfanne vier dünne geschälte grüne Spargeln rundum nicht zu heiss anbraten und ein paar Sekunden dünsten. 1 EL gehackten Basilikum, 1 dl Olivenöl und die abgeriebene Schale einer Limette beifügen. Die Kaninchenstücke damit mischen und das ganze mit grobem Meersalz würzen. Auf den Tellern anrichten und ein paar Tropfen alten Aceto Balsamico darüber träufeln.

quark & co.

_«Tag, Herr Brunner. Wo bekommt man Frischkäse ohne Salz, um damit Süssspeisen zuzubereiten? Ist damit Quark gemeint (obwohl der ja eigentlich nicht unbedingt die gleiche Konsistenz wie luftiger Frischkäse hat)? Besten Dank für Ihre Hilfe.» Liebe Frau N. D., so einfach die Frage ist, so verzwickt ist sie zu beantworten. Bei den Molkereiprodukten herrscht nämlich ein beträchtlicher Namenswirrwarr, den ich bisher auch nicht ganz durchschaut habe. Ihre Frage war deshalb ein willkommener Anlass, mich bei einem Experten kundig zu machen. Ich kenne in Zürich nur einen Molkeristen, der sich um das authentische Milchhandwerk bemüht, und das ist Urs Reichen mit seinem Molkereigeschäft Chäs & Co. Für ihn produziert beispielsweise die Molkerei Buttikon SZ «Amselspitz», das einzige Jogurt der Schweiz mit ausschliesslich frischen Früchten ohne Aromazusätze. An ihn also Ihre Frage: Welche Frischkäse sind für Desserts geeignet, und ist damit Quark gemeint?

_Hier die Zusammenfassung unseres spannenden Gesprächs: Unter Frischkäse versteht man alle Milchprodukte, die durch die Zusetzung von Lab gerinnen, man nennt dies Labgerinnung. Dazu gehören Quark und Hüttenkäse. Lab besteht aus Enzymen, die aus dem Kuhmagen gewonnen werden. Dagegen entstehen durch Zusetzung von Milchsäurebakterien Produkte wie Jogurt und Sauerrahm, insbesondere die raffinierte Crème fraîche aus Frankreich mit einem Fettgehalt bis zu 42%. Ricotta und Ziger werden zwar auch durch Säuregewinnung gewonnen, zählen aber trotzdem zu den Frischkäsen. Früher wurden sie aus der Sirte hergestellt, einem Abfallprodukt der Käseherstellung, doch heute werden sie meist direkt aus der Milch gewonnen. Mascarpone zählt ebenfalls zu den Frischkäsen, ist aber nichts anderes als Rahm mit 80% Fettanteil.

_Zum Vergleich: Tafelbutter enthält 84% Fett. Obschon industriell hergestellter Quark tatsächlich ein Frischkäse ist, eignet er sich für die meisten Dessertrezepte nicht. Um dies zu verstehen, müssen wir genauer schauen, worin der Unterschied zwischen einem Industriequark und einem handgemachten Quark besteht, der im so genannten Sackverfahren hergestellt wurde. Die Industrie verwendet ausschliesslich Magermilch, setzt relativ viel Lab zu, damit die Milch in kurzer Zeit gerinnt, und zentrifugiert dann die Masse. Anschliessend wird die gewünschte Menge Milchfett zugesetzt und das Ganze nochmals pasteurisiert. Dieser Quark ist relativ fad und weich. Für das handwerkliche Sackverfahren wird Vollmilch verwendet, die nur ganz schwach eingelabt wird und deshalb 36 Stunden reifen muss. In dieser Zeit binden die vielen Bestandteile der Milch besser, und es entwickelt sich ein reicheres Aroma. Anschliessend lässt man den Quark während eines halben Tages in einem Sack abhängen. Lässt man ihn einen weiteren halben Tag hängen, entsteht der berühmte Topfen, den wir von den köstlichen Topfenknödeln aus der österreichischen Küche kennen. Quark aus dem Sack ist aromatischer und mürber und eignet sich deshalb für viele Süssspeisen besser als der Industriequark.

_«Liebe Frau N. D., jetzt komme ich zum schwierigsten Teil Ihrer Frage: Bei Chäs & Co. können Sie als Privatkunde nicht einkaufen, die Produkte finden Sie in diversen Fachgeschäften, zum Beispiel Alp Tritt auf dem Bürkliplatzmarkt, Bannwart am Helvetiaplatz, bei Chäs und Brot in Wollishofen, im Chäs-Chäller in Kilchberg und Adliswil und in allen Globus-Filialen. Oder Sie machen einen hübschen Ausflug zur Molkerei Buttikon in Buttikon SZ oder zur Molkerei Stadelmann in Unterwasser. Weiter bei Fredy Bieri, dem Gewährsmann der Zürcher Käsefreunde, mit seinen 'Natürli-Milchspezialitäten aus dem Zürcher Berggebiet'». – Das war doch jetzt alles ziemlich spannend, oder nicht? Da frage ich mich einmal mehr, warum wir überall diesen faden Einheitsquark aufgetischt bekommen. Und noch ein Tipp: Probieren Sie Ziegen- oder Schafquark nach dem folgenden Rezept.

ziegen- oder schafquark mit apfel und ingwer

_ 200 g Ziegen- oder Schafquark, 1/2 dl Doppelrahm, 1 kleiner Apfel, fein gehackt, 1 KL frisch geriebener Ingwer, wenig Zitronensaft, 1 Prise Salz, Zucker nach Belieben. Ziegenricotta und Doppelrahm gut verrühren und mit den restlichen Zutaten mischen. Mindestens 30 Minuten kalt stellen.

beizenkunde

_ Ein kleines Wortspiel zu Beginn: Wie heissen Beizen auf Französisch? Falsch! Die richtige Antwort heisst: Marinades!

_ Marinade heisst die französische Übersetzung von Beize, und mit diesem vielfältigen Thema will ich mich an dieser Stelle beschäftigen. Beizen oder Marinaden finden wir wohl in allen Küchen der Erde in irgendeiner Form. Sie sind eine sehr einfache Methode, Speisen bekömmlicher und raffinierter zu machen. Die indische Tandoori-Marinade ist ein modisches Beispiel, und im Sommer triefen die Kräutermarinaden auf Zürichs Balkonen vom Kugelgrill. Mir persönlich gefällt besonders die Marinade aus Zucker, Salz und Dill für den marinierten Lachs der Schweden, den graved lax. Das älteste mir bekannte Marinadenrezept stammt vom Römer Apicius (geboren um 25 v. Chr.), heisst Liquamen und ist eine Art Maggisauce. Es bestand aus einer Makrelenart, die man über mehrere Monate an der Sonne verfaulen liess. Der Saft, der dabei entstand, wurde aufgefangen und meist mit Wasser oder eingekochtem Traubenmost vermischt. Diese offenbar unsäglich stinkende Flüssigkeit war bei den alten Römern so beliebt, dass sie industriell hergestellt wurde.

_ Das Wort Marinade stammt vermutlich von den «marins», den französischen Matrosen. Marinaden hatten nämlich in der Küche der Seefahrer eine überragende Bedeutung. Sie dienten einerseits dazu, Fisch und Fleisch haltbar zu machen, und andererseits enthielten sie essenzielle Nährstoffe, welche für die wochenlangen Reisen auf See überlebenswichtig waren.

_ Auch in unseren mitteleuropäischen Küchen erfüllen Beizen seit Jahrhunderten die verschiedensten Aufgaben. Bevor Kühlschränke zur Standardausrüstung einer Küche gehörten, und das ist erst gut fünfzig Jahre her, beizte man im Sommer und Herbst die verschiedensten Gemüse wie Gurken, Fenchel, Rüben oder Tomaten für den Wintervorrat. Eine besondere Delikatesse ist das Sauerkraut, weil es gleichzeitig eine Fermentation durchläuft, welche den Kabis nährstoffreich und bekömmlich werden lässt. Eine Beize besteht meist aus einer Säure, das kann Essig, Wein oder Zitronensäure sein. Die Säure hemmt die Bakterienbildung, je saurer die Beize, desto zuverlässiger die Konservierung. Allerdings stoppt sie das Bakterienwachstum nicht ganz, deshalb werden die Gemüse meist noch sterilisiert. Neben der Konservierung haben Beizen eine weitere Wirkung, sie zersetzen die Eiweissfasern und machen zähes

Fleisch mürbe. Aus diesem Grund wird vor allem Wildfleisch gebeizt, aber auch die zäheren Rindfleischstücke. Dabei gilt: Je sauerer die Beize und je länger die Beizzeit, desto mürber das Fleisch. Um Fleisch noch mürber zu machen, kann man der Marinade Stoffe zufügen, welche diesen Vorgang noch begünstigen. Knoblauch, Papaya, Senf oder Natron sind solche Tenderizer oder Zartmacher. Die Nahrungsmittelindustrie nützt diesen Umstand weidlich aus, indem sie minderwertige Rohprodukte mit Tenderizern geniessbar macht. Damit verdoppelt sie gleich ihren Gewinn: Sie kann billige Rohprodukte verwenden und die zart machenden Marinaden gleich noch mitverkaufen. Einige asiatische Restaurants, die heute so beliebt sind, bedienen sich übrigens des genau gleichen Tricks. So betrachtet sind diese Restaurants plötzlich nicht mehr so preiswert, sondern im Gegenteil sauteuer.

_ Marinaden erfüllen noch einen weiteren Zweck, sie aromatisieren die Speisen. Ein fader Pouletschenkel oder eine geschmacklose Tofuscheibe schmecken dank einer Marinade appetitlicher.

_ Eine Beize liegt mir besonders am Herzen, ich habe sie bei Michel Bras, meinem französischen Lieblingskoch, entdeckt, die Buttermilchmarinade. Während wir bei der Rotweinbeize den Geschmack von Trauben und bei der Essigbeize den von Äpfeln in der Sauce haben, hat die Buttermilchbeize keine vegetabilen Geschmacksnoten, da sie aus Milch, einem tierischen Produkt, besteht. Dies gibt Fleischgerichten eine besonders harmonische Sauce. Damit möchte ich aber ganz und gar nicht sagen, dass nicht auch ein Brasato al Barolo ein ganz wunderbares Gericht sein kann. Es sind einfach Gerichte mit zwei verschiedenen Charakteren.

buttermilchmarinade

_ Wir mischen dazu Buttermilch mit etwas Knoblauch, Senf und Olivenöl und legen beispielsweise eine Lammschulter oder einen Gitzischlegel darin ein. Bereits nach ein bis zwei Tagen ist das Fleisch butterzart. Wir nehmen das Fleisch aus der Buttermilch und braten es wie üblich im Ofen. Die Marinade kochen wir in einem separaten Pfännchen langsam auf und mixen sie mit dem Stabmixer. Jetzt müssen wir sie nur noch abschmecken und mit Wasser nach Bedarf etwas verdünnen.

marinade für pikanten sommersalat

_1 EL Reisessig oder Sherryessig, 1 KL Honig, 1 KL Sojasauce, 3 EL Olivenöl, wenig frischer Ingwer, 1 KL fein gehackte Peperoncini, abgeriebene Schale von 1/2 Zitrone, 1 Knoblauchzehe, gehackt, Salz.

_Die Marinade ist sehr konzentriert. Man sollte sie nach Geschmack mit mehr oder weniger Wasser verdünnen. Nach Belieben Sommergemüse wie Tomaten, Avocado, Zucchetti, Radiesli, Kohlrabi und Früchte wie Melonen, frische Feigen oder Aprikosen damit marinieren.

bitter

_ Es scheint, als würde die Geschmacksnote «bitter» ein neuer Trend in der Küche werden. Seit längerem beobachtet man die Entwicklung zu immer bittereren Schokoladen mit einem Kakaoanteil bis zu 100 Prozent. Vermehrt tauchen in letzter Zeit in angesagten Restaurants und Gastronomiezeitschriften auch andere Nahrungsmittel mit einem bitteren Geschmack auf: Ente wird mit Kaffee kombiniert, Cicorino und Rucola sind zu allgegenwärtigen Modegemüsen geworden. Ich finde das bemerkenswert, denn traditionellerweise wird bei uns Bitterkeit negativ bewertet: Wenn ein Gast sagt, ein Gericht sei bitter, meint er das nicht als Feststellung, sondern immer als Kritik.

_Wir assoziieren mit «bitter» weniger Genuss einerseits als vielmehr Gesundheit. Viele giftige Pflanzen sind bitter, unsere Abneigung hat in diesen Fällen also einen Sinn. Andererseits sind aber auch viele Heilpflanzen bitter. Ein interessantes Beispiel ist das Wermutkraut. Es wird einerseits bei Verdauungs- und Magenbeschwerden als heilender Tee verordnet, hat aber seine skandalumwitterte Berühmtheit vor allem als Absinth erlangt. Gemüse war früher allgemein bitterer als heute. Doch die Bitterkeit von Gurken, Auberginen, Spinat, Lattich oder von Kohl war sehr unbeliebt. Auch ich war als Kind von bitterem Gemüse alles andere als begeistert und erinnere mich an manchen Strauss, den wir mit unserer Mutter am Mittagstisch deswegen ausgefochten haben. Entsprechend dem allgemeinen Kundengeschmack wurden diese Bitterstoffe inzwischen weitgehend weggezüchtet. Heute überwiegen im Gemüse die süsslichen und fruchtigen Geschmacksnoten, man kann das durchaus als Fortschritt im Gemüsebau ansehen. Ob sich der gegensätzliche neue Trend zum Bitteren durchsetzen kann oder wieder verschwinden wird, scheint mir noch offen zu sein.

_Wenn jetzt da und dort das Bittere als interessante Geschmacksnuance wieder entdeckt wird, mag das auch ein Hinweis darauf sein, dass die lieblichen, erfrischenden, angenehmen Aromen vielleicht auch langweilig sein können und eine gewisse geschmackliche Widerborstigkeit durchaus belebend sein kann. In unserem südlichen Nachbarland hat die Bitterkeit einen festen Platz in der Gastronomie. Nicht nur der bittere Espresso und die bitteren Aperitifs haben eine lange Tradition, sondern auch viele bittere Gemüse einen festen Platz in den Küchen Italiens. Zurzeit findet man sie alle an den italienischen Gemüseständen auf den Zürcher Märkten: die schlanken Stängel der Cima di rapa, die farbigen Büschel des Cicorino rosso e verde und die zarten Knospen der violetten Artischocken. Besonders auffällig ist ein Gemüse, das aussieht wie grosse Löwenzahnblätter, die Catalogna. Ein Gemüse, das heute aus Süditalien importiert wird, früher aber auch bei uns unter dem Namen Wegwarte weit verbreitet war. Ein hoch spannendes Erlebnis hatte ich kürzlich in diesem Zusammenhang an einer Degustation von verschiedenen Bitterstoffen. Bei dieser Degustation zeigte sich, dass die Wahrnehmungsfähigkeit von Bitterkeit zwischen den Degustatoren extrem unterschiedlich war. Nicht nur die Beliebtheit, sondern auch die Wahrnehmbarkeit von Bitterstoffen überhaupt war sehr unterschiedlich. Am verblüffendsten war eine Degustatorin, die einen extrem bitteren Geschmack überhaupt nicht wahrnehmen konnte, im Übrigen aber über ein völlig normales Geschmacksempfinden verfügt und auch andere Bitterstoffe normal wahrnimmt. Für professionelle Köche ist diese Erkenntnis von grosser Bedeutung. Sie macht uns bewusst, dass unser scheinbar so eindeutiges Geschmacksempfinden sehr subjektiv ist und ein ziemlich unzuverlässiges Hilfsmittel beim Kochen. Ebenso sollten sich die Gäste bewusst sein, dass ihr Geschmacksempfinden subjektiv ist und sich von dem anderer Gäste objektiv unterscheiden kann.

risotto mit cima di rapa

_ Cima di rapa vorbereiten: Die feinen, zarten Stängel in kurze Stücke schneiden, die feinen hellgrünen Blätter hacken, die kleinen Röschen ganz lassen. (Die fasrigen Stücke und die zähen dunkelgrünen Blätter zum Abfall geben.) Alles zusammen in viel Salzwasser knapp weich kochen und kalt abspülen. Recht viel Olivenöl in einer Pfanne erhitzen. Gehackten Knoblauch und wenig gehakkte Peperoncini darin dünsten. Cima di rapa dazugeben, alles vermischen und erhitzen. Sorgfältig mit Salz und Zitronensaft abschmecken. Mit dem warmen Risotto (den Sie wie gewohnt zubereiten) und viel frisch geriebenem Parmesan mischen.

risotto amaro

_ Anstatt Cima di rapa kann man rote Chicoreeblätter (wenn möglich von der Sorte Trevisano) in grobe Stücke schneiden, in recht viel Butter dünsten und mit etwas Portwein ablöschen, so dass eine kleine cremige Sauce entsteht, welche die Chicoréeblätter überzieht. Dieses Gemüse mischt man ebenfalls mit viel frisch geriebenem Parmesan unter den fertigen Risotto.

bünzli-beiz

_ Seit ich vor ein paar Wochen im «Tages-Anzeiger» das Wort Szene-Bünzli gelesen habe, verfolgt es mich. Ich liebe dieses Wort und hab für mich schon viele andere Bünzli erfunden: Tennis-Bünzli, Eveline-Widmer-Schlumpf-Bünzli, Klima-Bünzli, Gourmet-Bünzli. Ich liebe dieses Wort, weil es ein Paradox enthält: Ein Bünzli ist ein korrekter, pingeliger Mensch, der genau weiss, wie man sich zu verhalten hat, und dies auch von seinen Mitmenschen verlangt. Deshalb nervt er ja auch, und niemand möchte ein Bünzli sein.

_ Mit dem Wort Szene-Bünzli grenzen sich die echten Szenis von all den Leuten ab, die auch gerne Szenis wären, aber es in ihren Augen irgendwie nicht richtig schaffen. Was die Szenis offenbar nicht bemerken, ist die Paradoxie-Falle dabei: Sie werden selber zu Bünzlis, indem sie auf ziemlich pingelige und intolerante Art definieren, wer ein Szeni und wer ein Szene-Bünzli ist. Das Bünzli-Paradox ist meiner Meinung nach eines der Erfolgsrezepte von Viktor Giacobbo. Die Komik vieler seiner Figuren basiert genau darauf, dass man als Zuschauer einerseits herzlich darüber lachen kann, wie bünzlig sich beispielsweise ein Herr Bischofberger benimmt, und andererseits sich selbst in den Figuren wiedererkennen muss.

_ Nirgends sind die Szenis und die Szene-Bünzlis so gut zu beobachten wie in der Beizenszene. Ich würde sogar behaupten, die Szenebeizen sind ihr eigentlicher Lebensraum. Und hier findet man dann eine Untergruppe, die Gourmet-Szenis und die Gourmet-Bünzlis. Natürlich wird niemand von uns gerne als Gourmet-Bünzli eingeschätzt. Wer sich dagegen absichern will, geht am besten in eine Szenebeiz. Egal, ob einem das Essen schmeckt, der Service freundlich ist oder ob man verhungert, bevor man endlich bedient wird, hier hat man wenigstens die Sicherheit, am richtigen Ort zu sein. Ich bin beispielsweise erstaunt, wie viele Zürcherinnen und Zürcher plötzlich rohen Fisch mögen. Vor ein paar Jahren wäre das undenkbar gewesen. Der Grund sind die hippen Sushi-Bars, wo es nicht viel anderes zu essen gibt. Nach meiner Erfahrung mögen die Zürcherinnen und Zürcher jedoch rohen Fisch nicht wirklich, sondern nur in Gestalt von Thunfisch, sorry Tuna, und der schmeckt bekanntlich nach gar nichts. Sobald es um rohen Rochenflügel, Jakobsmuscheln oder Egli geht, wird die Schar der Liebhaber von rohem Fisch deutlich kleiner. Die richtige Szenebeiz zu erwischen, ist nicht einfach. Wer dahin geht, wo alle hingehen beziehungsweise alle sagen, dass man hingehen muss, ist bereits auf dem besten Weg zum Gourmet-Bünzli. Denn der Gourmet-Szeni ist nie dort, wo

die Masse ist, er will nämlich etwas Eigenes. Erfolg versprechend ist deshalb immer ein Geheimtipp. Aber den zu finden, ist äusserst mühsam. Es gibt nur wenige davon, und wenn die Szenis mal dort sind, tauchen meist schon die ersten Journalisten auf. Dann kommt ein Artikel in den Medien oder die Bewertung in einem Restaurantführer, und schon ist es aus mit dem Geheimtipp.

_Was man auf jeden Fall meiden sollte, ist die Bünzli-Beiz. Die ist heute allerdings schwierig zu erkennen. Früher war die Quartierbeiz mit der karierten Tischdecke, dem Aromatstreuer, der Maggiflasche auf dem Tisch und mit Schnipo und Hackbraten auf dem Mittagsmenü die typische Bünzli-Beiz. Seit die Szenis den Charme der Quartierbeiz entdeckt haben, stimmt das Bild nicht mehr. Der Hackbraten mit Kartoffelstock und das Wiener Schnitzel sind zurzeit extrem hip, und ich warte nur, bis auch Maggi und Aromat wieder auf dem Tisch auftauchen.

_Immer mehr sind in der Gastronomie modische Wellenbewegungen festzustellen, wie wir sie aus der Kleidermode oder der Designerbranche seit je kennen. Stilrichtungen, die heute bejubelt werden, werden morgen von den gleichen Leuten verdammt. Solche Trends in der Küche waren die Nouvelle Cuisine, die Fusion-Küche, die Mittelmeer-Küche (was immer das heisst) oder die Molekular-Küche. Daneben sind es auch kleinere Modeprodukte, die kommen und wieder verschwinden, wie der Rucola-Salat, der Aceto Balsamico, die getrockneten Tomaten, der Tuna, das Pastrami-Sandwich, der Loup de mer in der Salzkruste, die Entenbrust, das Lammentrecôte oder das Wiener Schnitzel. Gerade das Wiener Schnitzel ist ein sehr gutes Beispiel dafür, wie ein absolutes Bünzli-Gericht plötzlich sein Image wandeln kann und plötzlich in der Szenegastronomie Einzug hält. Als Koch ist man von diesen Entwicklungen natürlich beeinflusst. Zurzeit überlege ich mir gut, ob ich bei einem Gericht wirklich getrocknete Tomaten oder Aceto Balsamico beifüge und ob wir Rucola-Salat kaufen sollen oder nicht. Natürlich gibt es Beizen und Restaurants, die Jahr und Tag das Gleiche kochen, unbekümmert darum, was gerade in oder out ist, und ich finde es wunderbar, dass es sie gibt. Ich bewundere Köche, die das über Jahre und Jahrzehnte mit konstanter Professionalität durchziehen, ich selber könnte das offen gestanden nicht. Einige von ihnen sind auch erfolgreich und haben ihr treues Stammpublikum. Doch wie in der Modebranche will die Masse der Gäste etwas Neues, Abwechslung, Unterhaltung. Wenn man die Massen will, muss man diesen Bedürfnissen entgegenkommen. Insofern macht es schon Sinn, dass zurzeit die Bünzli-Beizen zu Szenebeizen werden.

gourmet enzyclopedie

_ «Als Koch und Liebhaber des guten Geschmacks meine ich, wir dürfen uns darüber freuen, dass wir mit 'umami' eine fünfte Geschmacksrichtung entdeckt haben. Sie gehört zu unseren ersten kulinarischen Lebenserfahrungen und prägt sicher ein Leben lang die Verbindung von Essen und mütterlicher Liebe.»

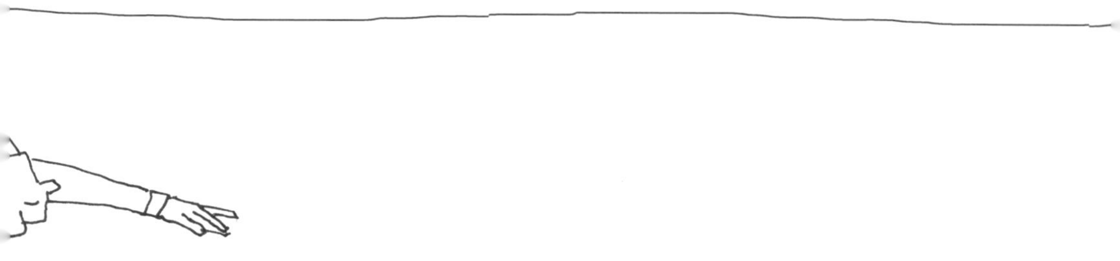

umami

_Unsere Küche ist um ein fünftes Element bereichert worden: eine neue Geschmacksrichtung aus Japan. Uns allen sind die vier Geschmacksrichtungen süss, salzig, bitter und sauer bestens bekannt. Es gibt aber noch eine fünfte Geschmacksrichtung, für die es in der deutschen Sprache noch nicht einmal einen Namen gibt. Auf Japanisch heisst sie umami. Am ehesten lässt sich umami mit vollmundig, rund, harmonisch, herzhaft, fleischig übersetzen – ein überaus angenehmer Geschmack also. Auch wenn wir dafür keinen Namen haben, so kennen wir alle umami seit unserer Geburt. Denn vor allem in der Muttermilch findet sich diese Geschmacksrichtung wieder. Sie kommt aber auch in anderen Nahrungsmitteln vor: gekochten Tomaten, Parmesankäse und Brot. Das könnte die weltweite Beliebtheit der italienischen Kochkunst und insbesondere der Pizza erklären. Enorm viel umami enthält auch die Sojasauce und damit die japanische, thailändische und die chinesische Küche, die alle ebenfalls ganz gross auf dem Vormarsch sind. Es erstaunt deshalb auch nicht, dass es ein japanischer Wissenschaftler war, der um 1900 als erster diese fünfte Geschmacksrichtung beschrieb und herstellte. Die Trägerin des Umami-Geschmacks ist eine Aminosäure mit dem Namen Glutaminsäure, inzwischen erforschen sie Wissenschaftler auf der ganzen Welt. Sie vermuten, dass die Glutaminsäure der Verdauung von Eiweiss dienen könnte.

_Vor allem die älteren Leserinnen und Leser kennen die Geschmacksrichtung umami noch in einem ganz anderen Zusammenhang, wenngleich dieser auch weniger hip ist als die japanische Küche: Aromat und Maggi, die guten alten Geschwister auf jedem Restauranttisch sind nämlich nichts Anderes als fast nahezu pures umami. Maggi-Würze und Sojasauce sind im Wesentlichen dasselbe, eine Sauce aus fermentierten Hülsenfrüchten. Tatsächlich brachte Julius Maggi die Idee für seine Flüssigwürze von einer Japanreise ins zürcherische Kemptthal zurück. Und plötzlich realisieren wir, dass die kulinarischen Vorlieben von Enkeln und Grosseltern gar nicht so weit auseinander liegen, wie wir vielleicht meinten. Umami lieben einfach alle, und es ist nicht einzusehen, warum die Sojasauce kulinarisch wertvoller sein sollte als die Maggi-Würze. Aromat und Maggi werden meiner Meinung nach zu Unrecht als Geschmacksverstärker bezeichnet, denn wie wir jetzt wissen, besitzen sie einen eigenständigen Geschmack und verstärken nicht andere Geschmacksrichtungen. Man müsste sie deshalb vielleicht eher als Geschmacksgeber bezeichnen, da sie oft dazu missbraucht werden, minderwertigen Speisen, die nach überhaupt nichts schmecken, ein gewisses Aroma zu verleihen. Davon macht die Nahrungsmittelindustrie bekanntlich sehr reichlichen Gebrauch.

_ Als Koch und Liebhaber des guten Geschmacks meine ich, wir dürfen uns darüber freuen, dass wir mit umami eine fünfte Geschmacksrichtung entdeckt haben. Sie gehört zu unseren ersten kulinarischen Lebenserfahrungen und prägt sicher ein Leben lang die Verbindung von Essen und mütterlicher Liebe. Allerdings sollte man damit, wie immer beim Kochen und bei der Liebe, nicht übertreiben: Schmeckt ein Essen zu sehr nach umami, ist dies ebenso unangenehm, als wenn es zu süss oder salzig ist. Zum Schluss eines der Lieblingsrezepte aus Kaiser's Reblaube, das nach sehr viel umami schmeckt:

tomatensteak

_ Grosse, aromatische Fleischtomaten waschen, Fliege und Strunk grosszügig herausschneiden. Das entstandene Loch mit Butter, Aceto Balsamico und wenig abgeriebener Zitronenschale füllen und kräftig salzen. Die ganzen Tomaten in einer Gratinform bei 120° in den Ofen schieben. Nach drei Stunden umdrehen und nochmals drei Stunden weiterschmoren. Die Tomaten schälen und etwas zusammendrücken, so dass sie wie ein Steak aussehen. Den Schmorsaft mit etwas Olivenöl aufkochen, abschmecken und über die Tomatensteaks giessen.

affinage

_Jeder Käse beginnt als Quark. Doch in der Fortsetzung meines Gesprächs mit Urs Reichen von Chäs & Co. wollte ich nicht wissen, wie aus Quark Käse wird, sondern wie aus einem Käse ein vollendeter Käse wird. Als gelernter Molkerist und Käselieferant zahlreicher Restaurants und Milchläden beschäftigt ihn diese Frage täglich. Erste Bedingung ist die hochwertige Milch. Für Qualitätskäse ist das immer Rohmilch, nur in ihr können die natürlichen Milchsäurebakterien gedeihen. Silomilch eignet sich dafür nicht, also müssen die Kühe mit Frischfutter versorgt werden. Das Futter soll aber nicht nur frisch, sondern auch aromatisch sein. Stark gedüngte Mittellandwiesen sind das weniger als kräuterreiche Alpwiesen. Noch einen Schritt weiter gehen Maria und Martin Bienerth. Sie verarbeiteten ausschliesslich Milch von Kühen mit Hörnern. Der diplomierte Agroingenieur und Produzent des mit Preisen überhäuften Andeerer Bergkäses ist auf Grund seiner chemischen Untersuchungen überzeugt, dass Kühe mit Hörnern die bessere Milch liefern. Weiter sind für die Qualität des Käses neben der Milch vor allem die Reifung und Pflege des Käses entscheidend. Da spielen verschiedene Faktoren eine Rolle: Temperatur, Feuchtigkeit und Umgebung. In einem Felsenkeller oder in einem Heubett reift der Käse anders als in einem klimatisierten Fabrikraum. Die Franzosen nennen diesen Reife- und Pflegeprozess «Affinage». Ein interessanter Begriff, weil sowohl das Wort «finir», fertig stellen, als auch das Wort «fin», fein, darin enthalten sind. Der Käsepfleger, Affineur, entscheidet über die Qualität vieler französischer Käsesorten. Nehmen wir als Beispiel den weltberühmten Brie de Meaux AOC.

_Rund um die Stadt Meaux gibt es ein paar wenige grössere Käsereien. Dort decken sich die vielen kleinen Affineure aus der Region mit Rohlingen ein und pflegen diese sorgfältig nach alten Familientraditionen. Bei jedem Affineur schmeckt der Brie de Meaux deshalb anders, obschon er vielleicht aus der gleichen Käserei stammt. Ganz ähnlich läuft das in den Vogesen mit dem Münsterkäse, bei dem man besonders deutlich den persönlichen Geschmack des Affineurs erkennen kann. Münsterkäse können so verschieden schmecken, dass der Laie niemals merken würde, dass es sich um denselben Käse handelt: Der eine besitzt ein würziges, aber mildes Aroma, den anderen riecht man noch durch die geschlossene Küchentür. Was tut ein Affineur konkret? Etwas ganz Banales: Er lagert die frischen Käse, dreht sie ab und zu und wäscht die schmierige Oberfläche mit Salzwasser ab, einerseits um den Käse zu reinigen, andererseits um ihm sein typisches Aroma zu verleihen. Verwendet er dafür immer wieder einen Teil des «Abwaschwassers», entsteht ein so genannter Rotschmierkäse, erkennbar an der intensiv duftenden, rötlich schimmernden Rinde. Je nach Käsesorte verwendet der Affineur noch zusätzliche Aromastoffe: Schnaps für den Epoisse au Marc, wilde Kräuter beim korsischen Schafkäse oder Weintrester, beim köstlichen Testun al Barolo. Weissschimmelkäse dürfen dagegen nicht gewaschen werden, man würde ja den Schimmelpilz entfernen. Sie müssen deshalb unter allerstrengsten hygienischen Bedingungen gelagert werden. In der Schweiz gibt es interessanterweise den Beruf des Affineurs nicht. Unsere Käser sind immer auch gleichzeitig die Affineure. Die Affinage ist eine äusserst diffizile Angelegenheit, denn bei natürlicher Lagerung verändert sich das Klima dauernd, und man muss die Käse deshalb ständig beobachten.

_Ein französisches Bonmot sagt, ein guter Affineur schlafe mit seinem Käse. Die besten Affineure sind Künstler und geniessen in Frankreich ein hohes Ansehen. Perfekt affinierte Käse sind aber auch ein riskantes Geschäft, denn nur allzu schnell ist ein reifer Käse überreif und unwiederbringlich verdorben. Dies passiert vor allem bei Weichkäse, und dies ist auch der Grund, warum es bei uns in der Deutschschweiz kaum vollendeten Weichkäse zu kaufen gibt. Da Urs Reichen nur Läden und Restaurants beliefert, ist mein persönliche Tipp für Zürcher Liebhaber von Weichkäse: Le Fromager aus Freiburg am Mittwoch auf dem Spezialitätenmarkt im Hauptbahnhof. Guten Schweizer Halbhart- und Hartkäse finden Sie am Stand der Alp Tritt auf dem Bürkliplatzmarkt.

polenta «rossa» mit girebader senneflade

_ 1,2 L frische Gemüsebouillon aufkochen. 100 g Butter einrühren. 250 g rote Polenta unter ständigem Rühren hineinrieseln lassen. Leicht salzen, etwas Muskat und ganz, ganz wenig Zimt. Sobald der Mais bindet, die Pfanne zugedeckt bei 150° für 2 Stunden in den Backofen stellen. In ein Blech giessen und auskühlen lassen (genaue Beschreibung ab Seite 122).

_Die kalte Polenta in eine grosse Bratpfanne geben und mit etwas Butter beidseitig anbraten. Nach dem Wenden die Pfanne für 2–3 Minuten zudecken, damit die Polenta aufgeht. Mit dünnen Scheiben von Girebader Senneflade belegen und unter der Grillschlange im Ofen überbacken. Die Polenta in der Pfanne servieren. Anstatt Polenta «rossa» kann man auch gelben Maisgriess verwenden, anstatt Senneflade Fontina, Gruyère oder Racelettekäse.

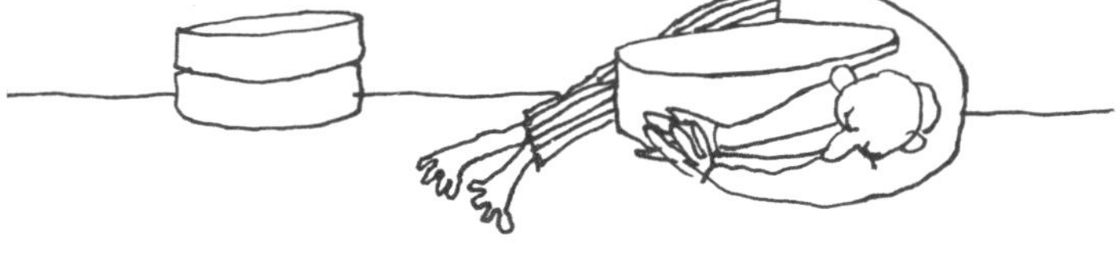

petits bateaux

_Fische und andere Meeresbewohner sind in den letzten Jahren ein ganz grosses Thema in der Gastronomie geworden. Leider getrauen sich viele Leute nicht selber an ihre Zubereitung und gehen lieber ins Restaurant Fisch essen. Natürlich profitiere ich als Gastronom einerseits gerne davon, andererseits möchte ich Sie auch ermutigen, diese Scheu zu überwinden, denn die Fischzubereitung ist mit ein wenig Übung eine einfache Sache. Einfacher jedenfalls als beispielsweise die Zubereitung von Fleisch. Eine kleine Einschränkung gibt es allerdings: Aus meinen Kochkursen weiss ich, dass die Schwierigkeiten beim Einkauf beginnen. Wichtigste und absolut notwendige Voraussetzung für das Gelingen eines Fischgerichts ist ein Rohprodukt von erstklassiger Qualität und grösst möglicher Frische. Das bedeutet nicht, dass es ein teurer Edelfisch sein muss. Auch ein einfacher Kabeljau kann eine Delikatesse sein, das hängt nur von der Herkunft und der Frische des Kabeljaus ab.

_Der Fischeinkauf ist in erster Linie eine Vertrauenssache, denn Gewissheit über die Qualität bekommt man erst beim Essen. Deshalb gilt es als Erstes einen kompetenten Fischhändler unseres Vertrauens zu finden. Das kann durchaus auch die Fischverkäuferin einer bestimmten Migros- oder Coopfiliale sein. Dazu ein kleiner Tipp: Fischabteilungen, in denen viele Südländerinnen einkaufen, sind meist sehr gut, weil diese Frauen traditionell etwas vom Fisch verstehen.

_Was die Herkunft der Fische betrifft, kommen sie heute aus allen Weltmeeren. Das Mittelmeer allerdings ist weitgehend leer gefischt. Die Hochseefischerei kennt zwei grundsätzlich verschiedene Fangmethoden. Einerseits die industrielle Hochseefischerei von riesigen Fabrikschiffen aus, die während Tagen fernab von der Küste unterwegs sind. Was von solchen Schiffen an Land kommt, ist bereits beim Verladen auf die Camions unter Umständen mehrere Tage alt.

_Die kleingewerblichen Fischer dagegen fahren jede Nacht mit ihren kleinen Fischkuttern aufs Meer hinaus und kommen am Morgen zurück. Fische aus solchem Fang haben den Zunamen «petits bateaux», und das ist ein Qualitätsmerkmal, denn sie werden jeden Morgen frisch gehandelt und liegen unter Umständen bereits 24 Stunden später in Ihrem Laden. Die «petits bateaux» machen zwar nur einen kleinen Teil des weltweiten Fischfangs aus, aber einen enorm wichtigen. Erstens sind es die frischesten Fische und zweitens sind sie weltweit die Existenzgrundlage für unzählige Fischerfamilien.

Es lohnt sich also, beim Einkauf danach zu fragen. Und ein Fischhändler, der nicht weiss, wie und wo seine Fische gefangen wurden, ist nicht unbedingt vertrauenswürdig. Wie soll er dann wissen, ob sie überhaupt frisch sind?

kabeljau in kokosmilch mit zitrone

_ 4 Tranchen frischen Kabeljau «petits bateaux» kräftig salzen. 2,5 dl Kokosmilch, Saft und abgeriebene Schale einer Zitrone, 3 EL erstklassiges Olivenöl Salz, Pfeffer einmal aufkochen und gut mixen.

_ 300 g sehr fein geschnittenes Gemüse nach Belieben in einer Gratinplatte verteilen. Die Fischtranchen nebeneinander darauf setzen. Mit der kochend heissen Sauce übergiessen. Etwa 15 Minuten bei 160° im Ofen garen. Den Fisch auf dem Gemüse anrichten. Die Sauce abschmecken und darüber giessen.

quinoa

_In den letzten Jahren ist der Kochberuf vielseitiger geworden. Vor dreissig Jahren, als meine Laufbahn begann, interessierten sich meine Gäste nur für das Fleisch, mutigere Gourmets allenfalls noch für die Fische. Der Rest war Beilage und Beigemüse. Für mich als Koch war das ziemlich eindimensional: Grilliert, gebraten oder geschmort, ein Stück Fleisch bleibt letztlich immer ein Stück Fleisch. Angesichts der unendlichen Vielfalt an Möglichkeiten, welche die Küche sonst noch zu bieten hat, bedauerte ich diese Einseitigkeit immer ein wenig. Inzwischen sind die Vorlieben der Gäste vielseitiger und abwechslungsreicher geworden. Vor allem für jüngere Gäste und Frauen hat das Fleisch seine dominierende Bedeutung verloren. Etwa ein Drittel der Gerichte, die wir zubereiten ist vegetarisch. Zu einem Teil mag das mit dem erhöhten Gesundheitsbewusstsein zusammenhängen, zum Teil vielleicht auch mit der modernen Fleischindustrie, welche einem die Freude am Fleischkonsum verderben kann. Vor allem aber realisieren viele Leute heute: Ein Stück Fleisch ist eben immer ein Stück Fleisch, und in der Küche gibt es noch viel Interessanteres zu entdecken.

_Ein sehr spannendes, bei uns noch relativ unbekanntes Nahrungsmittel ist Quinoa. Es kommt aus Südamerika, ist ein sogenanntes Scheingetreide und wächst in grossen Sträuchern, von denen man die Blätter und vor allem die Samen essen kann. Quinoa schmeckt ähnlich wie Couscous, ist etwas gröber und knackiger und pappt deshalb weniger schnell zusammen. Biologisch besteht dagegen zwischen den zwei ein grosser Unterschied: Couscous wird aus Weizen hergestellt und enthält viele Gluten (Eiweisskleber). Das ist insofern von grosser Bedeutung, als immer mehr Menschen an einer Unverträglichkeit von Gluten leiden (Zöliakie). Für sie ist Quinoa ein idealer Getreideersatz. Zudem ist Quinoa reich an essentiellen Fettsäuren, hochwertigem Eiweiss und Mineralien (Calzium, Eisen, Phosphor, Magnesium), was natürlicherweise jedem von uns sehr gut bekommt.

_Ich habe ab und zu schon mit verschiedenen Getreidesorten oder getreideähnlichen Nahrungsmitteln experimentiert, wie Hirse, Ebly, Buchweizen oder Amaranth. Kulinarisch hat mich nichts davon wirklich überzeugt. Die Quinoasamen gefallen mir dagegen sehr gut und bieten eine ganze Reihe verschiedenster Zubereitungsmöglichkeiten. Beispielsweise kann man sie leicht rösten, dann bekommen sie einen nussigen Geschmack und sind sehr knusprig. Man streut sie so in ein Frühstücksmüesli, über einen Dessert oder als Garnitur in eine Suppe oder auf einen Salat. Man kann aber auch aus gekochtem Quinoa raffinierte Gerichte kreieren. In diesem Fall muss man die Samen zuerst während etwa 15 Minuten in einer Gemüsebouillon oder viel Salzwasser knapp weich garen. Sie sollen dabei auf jeden Fall bissfest bleiben. Anschliessend spült man sie unter kaltem Wasser ab und lässt sie auf einem Blech trocknen. Jetzt kann man sie ganz ähnlich wie Trockenreis nach Lust und Laune mit Fleisch, Fisch oder Gemüse kombinieren. Persönlich mag ich Quinoa besonders als lauwarmen Salat mit Pilzen.

(Für 4 Personen etwa 200 g Quinoa kochen, wie oben beschrieben)

quinoa

_ Frische Pilze je nach Wetter und Marktangebot in Scheiben schneiden. Mit einer gehackten Zwiebel in viel Butter anbraten und kurz dünsten. 1 EL Majoranblättchen, etwas Sherryessig, Salz, Pfeffer und einen Hauch Zimt beifügen. Am Schluss alles mit dem gekochten Quinoa mischen und lauwarm servieren.

_ Noch zwei Bemerkungen: Verwenden Sie für dieses Gericht keine getrockneten oder gefrorenen Pilze. Nehmen Sie ziemlich viel Butter, weil die Butter in diesem Salat das Öl ersetzen und die Säure des Essigs ausgleichen soll.

würzen (1)

_Gewürze sind überflüssig, rein medizinisch gesehen. Salz würde ich in diesem Zusammenhang nicht als Gewürz, sondern als Grundnahrungsmittel ansehen. Auch eine «salzlose» Diät enthält für den Körper genügend Salze, man kann auf Salz als Gewürz also durchaus verzichten. Dabei ist mir bewusst, dass viele Gewürze auch physiologische Wirkungen haben, sie können uns anregen, erregen oder beruhigen. Essenziell im eigentlichen Sinne sind sie jedoch nicht. Trotzdem spielen Gewürze im Essen der Menschen seit Jahrtausenden eine eminent wichtige Rolle. Sie sind die Seele des Essens. Alle mir bekannten Esskulturen definieren sich zu einem grossen Teil über ihre Gewürze. Jeder Ferienreisende, und das sind wir ja mittlerweile alle, weiss von diesbezüglichen Erlebnissen zu erzählen. Völker führten für Gewürze Kriege, Dynastien stiegen im Gewürzhandel auf und verfielen wieder. Gewürze waren über Jahrhunderte die einzige Möglichkeit, die für uns nicht mehr vorstellbare Eintönigkeit des Speisezettels etwas zu beleben.

_Gewürze sind auch heute noch die Seele des Essens. Insbesondere in der Weihnachtszeit verbinden wir mit dem Duft von Lebkuchen und Sternanis kindliche und sehnsuchtsvolle Erinnerungen, die in uns weiche Momente der Geborgenheit und Wärme aufkommen lassen. Unvergessen ist mir ein dezembergrauer Mittag in unserem Restaurant, als ich zum ersten Mal unbekümmert meinen Hackbraten mit Lebkuchengewürzen verfeinerte und viele der korrekt angezogenen Banker und Rechtsanwälte davon schwärmten, wie sie dieser Duft an Weihnachten und Kindheit erinnere. Manchmal frage ich mich, ob die nächste Generation auch noch solch starke, emotionale Bindungen knüpfen kann, wenn sie in einer Esskultur aufwächst, in der rund um den Erdball und rund um die Jahreszeiten alle Geschmäcker und Düfte wild und kunterbunt miteinander vermischt werden, heute japanisch, morgen spanisch, übermorgen italienisch, mexikanisch oder indisch.

_Ich will dies keineswegs werten, das Essen war schon immer der sinnlichste Ausdruck von allgemeinen gesellschaftlichen Entwicklungen. In der Art des Würzens wird nicht nur die Zeit, sondern auch die kraftvolle oder subtile, abenteuerliche oder konventionelle Persönlichkeit der Köchin und des Kochs spürbar. In der Komposition von Düften und Geschmäckern kann Kochen etwas Magisches bekommen und das Handwerk der begabtesten Köche in den besten Momenten zur Kunst werden.

_Zum Schluss von der Kunst zu den praktischen Tipps: Nach meiner Erfahrung würzen insbesondere weniger geübte Köche des Guten oft zu viel. Gewürze verlieren schnell ihren Reiz oder überreizen die Sinne. Grundsätzlich gibt es zwei verschiedene Auffassungen vom Würzen: Die eine besteht darin, den Eigengeschmack der Speisen möglichst unverfälscht zur Geltung zu bringen, die andere mischt eine Palette verschiedenster Düfte und Geschmäcker miteinander. Keine ist besser als die andere, aber ich denke, man muss sich für eine von beiden entscheiden, um eine harmonische Mahlzeit zu bekommen. Eine dritte Art habe ich für mich persönlich entdeckt, ich möchte es hier paradoxes Würzen nennen. Die Idee besteht darin, ein Gewürz aus seinem vertrauten Zusammenhang herauszunehmen und in eine ungewohnte Umgebung zu versetzen, beispielsweise die Lebkuchengewürze in den obenerwähnten Hackbraten. Dabei entstehen irritierende, oft aber erstaunlich angenehme, neue Geschmackserlebnisse. Dieses Vorgehen ist immer eine Gratwanderung und braucht etwas Fingerspitzengefühl und Erfahrung. Die Kombinationen müssen nicht exotisch sein, manchmal genügen minimale Abweichungen vom Vertrauten, um einen verblüffenden Effekt zu erzielen. Als Rezept gebe ich Ihnen ein paar Beispiele, die sich bereits bewährt haben.

paradox gewürzt

_Lauch-Orangensaft, Ananas-Pfeffer, Fisch-Vanille, Zichorie-Glace, Rüebli-Pfefferminze, Artischocken-Aprikosen, Erdbeeren-Aceto Balsamico, Pilze-Vanille, Fisch-Sternanis, Tomaten-Pfefferminze, Ente-Beeren, Vanillecrème-Kerbel, Lamm-Buttermilch, Fisch-Rotwein, Chicorée-Portwein, Rosenkohl-Orange

würzen (2)

_ Über die Jahre gibt es in unserer Arbeit immer wieder Phasen, in denen man sich mit einem bestimmten Thema besonders intensiv beschäftigt. In unserer Küche ist dies zurzeit das Würzen. Weniger die schier unendliche Zahl an immer neuen Gewürzen interessiert uns, als vielmehr das Wesen und die Technik des Würzens. Beispielsweise die Frage, was überhaupt ein Gewürz ist. Bei Pfeffer, Zimt und Vanille ist der Fall klar. Doch bereits bei Salz wird es schwieriger, weil der Körper Salze als Nährstoff braucht, während Gewürze zur Verbesserung des Geschmacks verwendet werden. Oder nehmen wir zum Beispiel die Zitrone. Ist sie ein Gewürz? Ich würde sagen, eher ja: Den Saft brauchen wir zum Würzen von Salaten und Fischen, die abgeriebene Schale für Dessertcrèmen und Pastasaucen. Wie steht es aber mit der anderen Zitrusfrucht, der Orange? Hier sagt man eher nein, weil man sie nicht als Gewürz, sondern als eigenständiges Nahrungsmittel empfindet. Und doch kann man die Orange ganz genau gleich wie die Zitrone zum Würzen verwenden. Vielleicht finden Sie meine Überlegungen bis jetzt etwas theoretisch, das sind sie jedoch keineswegs: Wenn man nämlich einmal begriffen hat, dass Gewürze keine klar umrissene Nahrungsmittelgruppe sind, beginnt man systematisch ausserhalb des Gewürzregals nach Würzmitteln zu suchen und entdeckt dabei ganz neue Möglichkeiten.

_ Ein Beispiel aus unserer aktuellen Karte: Ich wollte ein Püree aus frischen Gartenerbsen machen, einem meiner Lieblingsgemüse, und das mit kleinen Tintenfischchen kombinieren. So weit war die Idee brauchbar, aber als Gericht noch etwas langweilig. Als zusätzliches Gewürz haben wir es zuerst mit Zitronensaft probiert, aber dessen Säure war zu aggressiv. Dann probierten wir es mit hauchfeinen, rohen Apfelscheiben. Das war schon mal viel besser, aber noch immer fehlte es an Pfiff. Wir gaben deshalb noch etwas gehackte englische Minze darüber. Geschmacklich passte die zwar ausgezeichnet, aber die Blättchen störten die Crèmigkeit des Erbsenpürees und die Zartheit der Tintenfischchen. Also gaben wir die Minzeblätter mit wenig Olivenöl in ein Schälchen und stellten es für 15 Sekunden in die Mikrowelle. Dabei platzten die Zellen der Minzeblätter, und es entstand ein intensiv duftendes Pfefferminzöl, mit dem wir jetzt die Tintenfischchen ohne die störenden Blättchen einpinseln konnten. Diese Öltechnik ist natürlich überhaupt nicht neu, Würzöle gibt es schon lange. In unserer Küche haben wir damit angefangen, indem wir Olivenöl mit abgeriebenen Zitronen- oder Orangenschalen parfümierten. Inzwischen pröbeln wir mit allen möglichen Ingredienzien herum. Voraussetzung ist einzig, dass diese fettlöslich sind. Aus diesem Grund kann man für das Zitronenöl nicht einfach den Saft nehmen. Unterhaltsam sind auch Vergleiche zwischen kalten, leicht erhitzten und hoch erhitzten Würzölen, die Ergebnisse sind markant verschieden. Chemisch gesprochen, handelt es sich übrigens bei diesen Würzölen um Lösungen. Grossen Einfluss auf den Geschmack hat auch die Dauer, während der man die Lösung ziehen lässt, weil die verschiedenen Inhaltsstoffe sich verschieden schnell lösen. Wir kennen das sehr gut vom Schwarztee: Zuerst lösen sich die fruchtigen Aromen im Wasser. Wenn man den Tee länger ziehen lässt, lösen sich mehr und mehr auch die bitteren Tannine. Dasselbe passiert beim Pfefferminzöl, zuerst ist es frisch blumig, mit der Zeit wird es leicht bitter. Der Schwarztee ist ein Beispiel dafür, dass man Würzstoffe nicht nur in Öl, sondern auch in anderen Flüssigkeiten lösen kann, beispielsweise in Wasser oder Alkohol. Interessanterweise haben die meisten Gewürze verschiedene Aromakomponenten, die teilweise wasser-, teilweise fettlöslich sind. Wenn man nun ein Gewürz, beispielsweise Zimt, mit einem Wasser-Öl-Gemisch aufmixt, dann werden sich die wasserlöslichen Aromabestandteile des Zimts mit dem Wasser, die fettlöslichen mit dem Öl mischen. Anfänglich gibt dies eine braune Sauce. Doch nach einer gewissen Zeit wird das Öl sich vom Wasser trennen und obenauf schwimmen, und der Zimt wird sich so in eine wasserlösliche und eine fettlösliche Phase aufspalten. Man erhält so zwei neue Gewürze, die beide irgendwie nach Zimt schmecken, aber doch kein Zimt sind. Dasselbe Experiment kann man mit Schwarztee oder eben mit Pfefferminz machen.

tintenfischchen auf gartenerbsenpüree mit grünem apfel und pfefferminzöl

_ Ausgelöste Erbsen (es dürfen auch tiefgekühlte sein) im Salzwasser weich kochen und kalt abspülen. Im Cutter mit etwas kaltem Wasser und Olivenöl pürieren und salzen. Die Tintenfischchen waschen, in kleine Stücke schneiden, leicht salzen und mit Zitronensaft beträufeln. Das Pfefferminzöl wie oben beschrieben vorbereiten. Das Erbsenpüree wärmen und auf Tellern anrichten. Sehr feine Apfelscheiben direkt darüber hobeln. Die Tintenfischchen im Pfefferminzöl nur kurz wärmen, bis sie weisslich werden, und auf die Teller verteilen.

_ Varianten: Anstatt Tintenfischchen pochiertes Ei, fein geschnittene Pouletbrust oder fein geschnittenen rohen Salm verwenden.

100 °C

_ Haben Sie sich auch schon mal gefragt, warum man ein Ei bei 100 Grad Celsius kocht? Wahrscheinlich kaum, und Sie sind damit in bester Gesellschaft mit den allermeisten Berufsköchen. Es gibt auch keinen Grund, mindestens keinen kulinarischen, dafür einen physikalischen: Wasser verdampft bekanntlich ziemlich genau bei 100 Grad und kann nicht stärker erhitzt werden, ausser man setzt es unter Druck. Wasser hat also bei 100 Grad einen von der Natur eingebauten Thermostaten. So haben wir uns angewöhnt, unser Essen bei dieser Temperatur zu kochen, und das ist für uns Köchinnen und Köche überaus praktisch: Wir können den Kochprozess ohne Thermometer sehr gut kontrollieren, egal wie heiss wir die Kochplatte einstellen.

_Damit ist aber bei weitem noch nicht erklärt, warum wir ein Ei bei 100 Grad kochen. Wir können uns nämlich auch fragen, ob es nicht weniger sein darf oder sogar sein sollte. Dies ist nun eine Frage der Chemie: Unser Ei besteht im Wesentlichen aus Proteinen, also Eiweiss. Von anderen eiweisshaltigen Nahrungsmitteln wie Fleisch oder Fisch wissen wir, dass die Gartemperatur mitentscheidet, ob diese Proteine zum Essen hart und zäh oder geschmeidig und saftig werden. Als Faustregel gilt hier: Je tiefer die Gartemperatur, desto saftiger und weicher die gekochten Proteine. Für unser Ei bedeutet das: 100 Grad ist nicht die optimale Kochtemperatur, das ist viel zu heiss. Wir müssen die tiefst mögliche Temperatur finden, bei der ein Ei gar wird.

_Diese zu finden ist sehr viel schwieriger, weil unser praktischer Dampfthermostat unter 100 Grad nicht funktioniert. Nach unzähligen Tests und dem Verbrauch der Tagesproduktion eines ganzen Hühnerstalls kann ich Ihnen mitteilen: 68 Grad reichen. Und bei 68 Grad beträgt die Kochzeit für ein Ei rund eine Stunde. Möglicherweise finden sie es irr, eine Stunde früher aufzustehen, um Ihr Frühstücksei zu kochen. Das finde ich im Normalfall auch. Trotzdem, wenn Sie gerne kochen und nicht nur einfach Rezepte nachvollziehen möchten, lohnt es sich, das Experiment einmal nachzuvollziehen. Denn nirgends können Sie besser verfolgen, wie sich Proteine beim Garprozess verhalten. Und dies wiederum ist sehr nützlich für die Zubereitung von Fleisch, Fisch und anderen sehr eiweisshaltige Nahrungsmittel. Besonders interessant ist ein Vergleich zwischen Eiern, die bei 68 Grad, 80 Grad, 90 Grad und 100 Grad gekocht wurden. Soviel verrate ich im voraus: Bei 68 Grad wird das Eiweiss sehr weich und seine Farbe fast durchsichtig.

_Um die Wassertemperatur auszumessen, benötigen Sie ein Fleischthermometer oder ein Milchthermometer, wie man es zur Herstellung von Joghurt benützt. Beides finden Sie in einem guten Haushaltwarengeschäft. Übrigens: Glücklicherweise musste ich diese Eiertests nicht selber durchführen, das haben Naturwissenschafter unter Laborbedingungen für uns übernommen.

ei auf selleriepüree und säuerlichem apfel

_ Das Ei nach der oben beschriebenen Methode kochen, aber nur soweit, bis das Eigelb zwar warm, aber noch flüssig ist. Schälen und in lauwarmem Wasser bereit halten.

_ Selleriewürfel in viel Wasser sehr weich kochen und mit Salz und etwas frisch zerdrücktem Kardamom würzen. Das Wasser abgiessen und das Gemüse mit etwas flüssigem Rahm fein pürieren. Das Selleriepüree auf warmen Tellern anrichten, ein paar hauchdünne Scheiben Granny Smith und etwas frischen Ingwer darüber hobeln. Das warme Ei daraufsetzen und mit einem Spritzer erstklassigen Aceto Balsamicos umgiessen.

âpre

_Ab und zu komponiere ich für befreundete Winzer ein Menü zu ihren Weinen. Für mich als Koch ist dies eine der schwierigsten und gleichzeitig lehrreichsten Aufgaben. Das Zusammenspiel der verschiedenen Düfte und Geschmäcke ist äusserst subtil, ungeheuer komplex und voller Überraschungen. Man kann nie im voraus sagen, welcher Wein zu welchem Essen passt. Minimale Veränderungen beim Würzen oder ein Jahrgangswechsel beim Wein können eine riesige Wirkung haben. In den Gesprächen beim anschliessenden Degustieren taucht jeweils ein Geschmack auf, für den ich keinen deutschen Namen kenne. Die Önologen nennen ihn in Ermangelung eines deutschen Wortes «adstringierend». Die französischen Kollegen haben es einfacher. In ihrer Sprache heisst der Geschmack «âpre». Ich behelfe mir jeweils mit dem Wort «pelzig», weil dabei ein pelziges Mundgefühl entsteht, aber der Duden führt diese Bedeutung nicht.

_Pelzig sind vor allem junge, tanninreiche Rotweine, aber auch Preiselbeeren, Cranberies, Artischocken, Salbei oder Fenchel. Der pelzige Geschmack, der gerne mit Bitterkeit verwechselt wird, entsteht durch den Gerbstoff Polyphenol. Kommt er in Kontakt mit der Mundschleimhaut, zieht sich der Mund leicht zusammen und trocknet aus. Vor allem Kinder, aber auch viele Frauen mögen die Polyphenole überhaupt nicht. Dabei gehören sie zu den wenigen Nahrungssubstanzen, deren gesundheitsfördernde Wirkung unbestritten ist: Sie sind entzündungshemmend, verhindern Zahnplaque, reduzieren die Fettablagerung in den Blutgefässen und in hohem Masse das Risiko einer Alzheimererkrankung (Vanderbilt Medical Center, Nashville). Wer also in seinem Leben viel jungen Rotwein trinkt, erkrankt weniger an Alzheimer und wird dafür vielleicht zum Alkoholiker. Die gefahrlose aber vielleicht weniger fröhliche Alternative wäre viel Cranberrysaft zu trinken. Allerdings sind vermutlich die im Handel erhältlichen Produkte viel zu stark verdünnt, um noch wirkungsvoll zu sein. Doch uns interessieren hier weniger die medizinischen als die kulinarischen Zusammenhänge, und damit komme ich wieder auf den Anfang zurück: Wie immer beim Kochen und Essen entscheidet die harmonische Balance der verschiedenen Aromen und Geschmäcke darüber, ob wir etwas mögen oder nicht. Wenn wir eine Aromakomposition mit Musik vergleichen und da gibt es viele Parallelen, dann entsprechen die Gerbstoffe den Bassstimmen. Sie sind kaum je die dominierenden Solisten, aber sie unterlegen dem Orchester einen tragenden Klangteppich. So ist es auch mit den Gerbstoffen: Sie sollten nie dominieren oder hervorstechen, sind aber oft ein wichtiger Bestandteil eines Geschmacks. So ist beispielsweise ein grosser Rotwein ohne fein eingebundene Tannine undenkbar.

_Wenn Sie mit den pelzigen Gerbstoffen Mahlzeiten komponieren möchten, gibt es nach meiner Erfahrung ein paar Grundregeln, wobei wie gesagt die subtile Balance über das Gelingen entscheidet. Pelzig geht sehr gut mit sauer und süss zusammen: Das bekannteste Beispiel ist der modische Cranberry-Saft, den sogar Kinder mögen. Die Tannine eines kräftigen Barberas passen gut zur Säure und Süsse einer eingekochten Tomatensauce. Fenchel und Salbei ebenfalls zu geschmorten Tomaten, aber auch Fenchel und Orangen sind ein tolles Paar. Gerbstoffe harmonieren auch sehr gut mit Fett: Artischocken und Mayonnaise, Lammgigot und Barolo sind bekannte Klassiker. Unbedingt meiden sollte man alle Kombinationen mit Bitterstoffen, und auch zuviel Salz kann die Gerbstoffe ungewünscht verstärken.

_ Die verblüffendste Kombination habe ich zu einem Walliser Diolinoir, einem wunderbaren, aber sehr tanninreichen Wein von Madeleine Gay, der Meisterönologin von Provins, gefunden: ein Parfait glacé au chocolat. Die Süsse und Crèmigkeit des Parfaits harmonierten perfekt mit den intensiven Gerbstoffen des Weins. Damit aber auch die Kinder auf ihre Rechnung kommen, serviere ich das Parfait heute mit Cranberry-Kompott. Dieses Glacérezept habe ich im Übrigen ausgewählt, weil es dazu keine Glacémaschine braucht.

parfait glacé

6 Eigelb und 200 g Puderzucker schaumig schlagen. 400 g Schokolade (70%) in 2,5 dl Milch schmelzen und kurz aufkochen. Kochend heiss in die schaumige Eimasse giessen und bei mittlerer Geschwindigkeit weiter schlagen, bis der Schaum ausgekühlt ist. In den Kühlschrank stellen. In der Zwischenzeit 4 dl sehr kalten Rahm und 1 dl Doppelrahm zusammen steif schlagen. Mit der kalten Schokolademasse sorgfältig mischen, in eine Cakeform abfüllen und tiefgefrieren.

cranberrykompott

_ 1dl Portwein, 1 EL Honig, wenig Zimt, 1 Vanillestengel, 1 Prise Maizena eine Minute kochen. Die Cranberries zugeben und einmal darin aufkochen. Bei schwacher Hitze etwa 15 Minuten ziehen lassen. Abschmecken. Lauwarm mit dem Parfait servieren.

molekular-küche

_ Man sah sie schon lange anrollen, die neuste Modewelle in der Gastronomie. Gourmet-Freaks sind, wie man Gastrozeitschriften und Internetbloggs entnehmen kann, begeistert. Menschen mit gesundem Appetit können da nur den Kopf schütteln. «Molekular-Küche» heisst diese neue Mode, bereits taucht auch der Begriff «Nano-Küche» auf. Furore macht zurzeit die Avantgarde der Molekularköche mit Glaces aus flüssigem Stickstoff, Algenkügelchen, die im Mund zerplatzen oder luftigen Schäumen aus dem verführerischen Rohstoff Methylzellulose. Begonnen hat das Ganze recht bieder und harmlos Ende der Siebzigerjahre. Die grossen Köche mit Paul Bocuse als Galionsfigur zogen ihre Kochschürzen aus, traten in die Öffentlichkeit und lösten eine unglaubliche Begeisterung für das Kochen und Essen aus. Gastronomie wurde zum gesellschaftlichen Thema und Kochen zu einem der populärsten Hobbys. Nicht nur Schriftsteller, sondern auch Physiker, Chemiker und Biologen wurden begeisterte Hobbyköche. Und wie Naturwissenschaftler das so gelernt haben, machen sie etwas gründlich, wenn sie es machen, und hinterfragen, was sie tun und warum.

_In der Kochkunst greifen unzählige biologische, chemische und physikalische Prozesse ineinander, die zum Teil noch kaum erforscht sind. Allein ein gebratenes Stück Fleisch enthält beispielsweise über 600 verschiedene Aromastoffe. Zwar beschäftigten sich Naturwissenschaftler immer wieder mit dem Essen. Der Chemiker Mège-Mouriès erfand beispielsweise im Auftrag von Napoleon III. für die französische Armee die Margarine. Aber dabei ging es meist um die industrielle Nahrungsproduktion, kulinarische Aspekte spielten dabei keine grosse Rolle. Nicholas Kurti veranstaltete deshalb 1992 in Italien einen interdisziplinären Kongress mit verschiedensten Wissenschaftlern unter Beizug von Küchenchefs, um den naturwissenschaftlichen Grundlagen der Kochkunst nachzugehen. Im Rahmen dieser Veranstaltung wurde meines Wissens auch der Begriff der molekularen Küche geprägt. Einer von Kurtis ersten Mitstreitern war Hervé This-Benckhard, der heute an der Sorbonne einen Lehrstuhl für Kochkunst besetzt und eine Reihe hochinteressanter Bücher zu diesem Thema publiziert hat. Bei ihm habe ich erfahren, dass ein Tropfen Eigelb genügt, um eine Mayonnaise herzustellen, wie man die schönsten Ofenküchlein bäckt, warum es nichts nützt, ein Ei vor dem Schälen kalt abzuschrecken, oder warum ein Kaninchen bei 100 Grad im Ofen zarter wird als bei 180 Grad. Noch vor Kurti und This-Benckhard begann Harold McGee in Amerika zum gleichen Thema zu forschen und schrieb

1984 sein bahnbrechendes Werk «On food an cooking». Dieser Wälzer ist für mich nach wie vor das Beste, was es zum Thema molekulare Küche zu lesen gibt, und ich verstehe nicht, warum es nicht schon längst auf Deutsch übersetzt wurde. McGee untersucht darin die verschiedensten kochtechnischen Fragen: Warum wird Eischnee in einer Kupferschüssel steifer als in einer Chromstahlschüssel? Bei ihm habe ich auch gelernt, dass Fleisch keine Poren hat, die man durch kräftiges Anbraten verschliessen könnte. Seit ein paar Jahren gibt es mit Prof. Dr. Thomas Vilgis auch einen deutschen Physiker und Hobbykoch, der sich in den Medien intensiv der theoretischen Kochkunst widmet. Von ihm weiss ich, dass man ein Gericht mit Zitrone abschmecken kann, ohne dass es sauer wird, und dass das extrem teure Himalajasalz mit Kochsalz geschmacklich identisch ist. Jahrelang verliessen sich die Köche lieber auf das Gelernte und ihr Erfahrungswissen als auf die Wissenschaft, und dies auch mit gutem Grund: Die Kochkunst ist naturwissenschaftlich gesehen derart kompliziert, dass man heute erst in Ansätzen analysieren und begreifen kann, was sich während Jahrhunderten an Wissen und Erfahrung in den Küchen angesammelt hat. Erst in den letzten Jahren hat eine wachsende Gruppe von neugierigen Köchen begonnen, einzelne Erkenntnisse der Physiker und Chemiker in ihre Küche zu übertragen. Das hat zu verschiedenen interessanten Entdeckungen und Erneuerungen geführt. Dass dabei allerdings auch ganz gewaltig über die kulinarischen Geschmacksgrenzen hinausgeschossen wird, zeigen die oben erwähnten essbaren Schäume: Sie bestehen wie gesagt aus Methylzellulose, besser bekannt als Tapetenkleister. Für interessierte Köche zu kaufen unter dem Namen «Metil».

(für 4 bis 6 Personen)

marshmellows mit parmesan

_ 5 dl eiskalte Milch (ca. 2–3 °C), 18 g Gelatine, 40 g Olivenöl extra vergine, 250 g geriebener Parmesan, Salz. Die Gelatine in kaltem Wasser einweichen und gut auspressen. Mit 1 dl der Milch mischen und erwärmen, bis die Gelatine vollständig aufgelöst ist (bei ca. 40 °C). In eine eiskalte Schüssel umfüllen und mit dem Schwingbesen aufschlagen (elektrisch funktioniert das bequemer). Das Olivenöl in einem sehr dünnen Faden dazugiessen, weiter schlagen. Nach und nach die eiskalte Milch beifügen und weiter schlagen, bis die Masse zu gelieren beginnt. Die Schüssel für etwa zwei Stunden in den Kühlschrank stellen. Mit einer Glacézange kleine Kugeln ausstechen, leicht salzen und im Parmesan wenden. Auf kleine Holzspiesse stecken und mit Olivenöl beträufeln.

gougères

_ Zum ersten Mal und gleich in Perfektion ass ich Gougères im «Lameloise» in Chagny, einem Restaurant, das in der dritten Generation auf höchstem Niveau die Traditionen der Burgunder Küche pflegt. Aussen waren sie goldbraun und knusprig, innen feucht und luftig. Gougères sind kleine Brandteigbällchen, die mit viel Käse abgeschmeckt werden. Bei uns in der Schweiz ist der Brandteig besser in der süssen Variante bekannt als Ofenküchlein, Choux oder Profiteroles. Versteht sich, dass ich mich gleich nach unserer Heimkehr ans Ausprobieren machte, vor allem, weil meine Frau die luftigen Käseköpfchen über alles liebte. Inzwischen habe ich mit wechselndem Erfolg unzählige verschiedene Rezepte ausprobiert: Mal mit mehr Eiern, mal mit weniger. Mal hab ich den Teig frisch gebacken, mal habe ich ihn vorher kalt gestellt. Auch die Backtemperaturen habe ich je nach Rezept variiert. Doch die Ergebnisse waren extrem schwankend und zwar unabhängig vom jeweiligen Rezept: Einmal gingen die Gougères fantastisch in die Höhe und ich meinte schon, ich hätte das Geheimnis gelüftet, um das nächste Mal nur umso frustrierter unansehnliche Fladen aus dem Ofen zu ziehen.

_ Doch kürzlich habe ich das Problem geknackt. Und die Lösung stand in keinem meiner Rezepte, sondern der Hinweis kam von einem Physiker, der sich leidenschaftlich auch mit Kochen beschäftigt: Man muss den Brandteig, wenn er bereits zu einer seidenglatten Masse abgerührt ist, nochmals mindestens drei Minuten mit voller Kraft weiterrühren. Dadurch wird er etwas zäher und elastischer, und auch ein sehr luftiges Gougère fällt nicht wieder in sich zusammen. Der zweite kleine Trick besteht darin, dass man das Backblech zuerst einbuttert und anschliessend mit Mehl bestäubt. Die Butter verhindert das Ankleben, das Mehl bewirkt, dass der Teig in die Höhe aufgeht und nicht auseinander fliesst. Wie so oft in der Küche entscheidet nicht die grossartige Idee, sondern das winzige Detail über Erfolg und Misserfolg. Solche Details sind in schriftlichen Rezepten kaum zu erfassen. Trotzdem versuche ich es hier einmal mehr nach bestem Wissen und Gewissen.

(besser bekannt als Ofenküchlein oder Profiteroles)

gougères

_ 125 g Milch aufkochen, 60 g Butter darin schmelzen. 150 g Mehl und 100 g fein geriebenen Gruyère im Sturz dazu geben. Sofort mit einem Holzlöffel zu einer samtweichen Masse glatt rühren. Bei milder Hitze etwa 1–2 Minuten weiter rühren. Vom Herd nehmen. Einzeln nacheinander 5 Eier zugeben. Dazwischen jedes Mal die Masse wieder glatt rühren. Um seine Kräfte etwas zu schonen, darf man dazu den Handmixer benützen. Die fertige Masse noch mindestens drei Minuten weiterrühren. Den lauwarmen Brandteig in einen Spritzbeutel füllen.

_ Den Backofen auf 220° vorheizen. Ein Backblech zuerst einbuttern und anschliessend mit Mehl bestäuben. Mit dem Spritzbeutel baumnussgrosse Nocken im Abstand von mindestens 5 cm auf das Blech spritzen und die Spitze der Teighäufchen mit Eigelb bepinseln. Eine Espressotasse voll Wasser in den Ofen werfen, damit sich Dampf bildet. Das Blech hinein schieben und die Ofentüre während 10 Minuten auf keinen Fall öffnen. Später darf man den Backvorgang vorsichtig kontrollieren. Sobald die Gougères goldbraun und knusprig sind, im ausgeschalteten Ofen bei leicht geöffneter Türe noch etwas austrocknen lassen. Man serviert sie zum Aperitiv oder mit einem frischen Salat als leichtes Abendessen.

_ Die Zubereitung dieser knusprigen Köstlichkeiten erfordert vom Koch viel Kraft, Fleiss und Aufmerksamkeit. Deshalb nennen wir sie bei uns zuhause auch «Liebeserklärungen». Sie kommen nur bei speziellen Gelegenheiten auf den Tisch, zum Beispiel eben als Liebeserklärung. Vor allem auch, weil meine Frau locker und vergnügt ein ganzes Dutzend davon verputzen kann.

mariage (1)

_Über die Verbindung von Wein und Essen, der Fachmann spricht von Mariage, etwas Vernünftiges zu sagen, scheint sehr, sehr schwierig zu sein. Essen besteht aus vielen verschiedenen Geschmacksvariablen, jeder Koch hat schon erlebt, dass eine einzige Prise Zucker oder Salz das ganze Gericht verändern kann. Beim Wein verhält es sich noch komplizierter. Je besser der Wein, desto sensibler reagiert er auf Einflüsse wie Temperatur, Sauerstoff oder eben Essen. Als ob das noch nicht genug schwierig wäre, gibt es zwischen den einzelnen Jahrgängen grosse Geschmacksunterschiede. Zudem durchlaufen Weine verschiedene Entwicklungsphasen, die auch für den Fachmann schwer voraussehbar sind. Jung sind sie oft verschlossen, voller Gerbstoffe, die Fruchtaromen kommen erst später zum Vorschein. Dann kann es sehr schnell gehen, und der gleiche Wein wird flach, nichtssagend. Doch die Geschichte geht noch weiter. Oft sind wir von den ersten zwei, drei Schlucken eines Weines begeistert, im Laufe des Essens aber zunehmend enttäuscht, weil sich seine Raffinesse sehr schnell verflüchtigt. Trotzdem, es ist ein unvergleichliches Erlebnis, wenn ein grosser Wein mit dem begleitenden Essen vollkommen harmoniert. Da ich kein Weinkenner bin, stellte ich die Frage, wie dies zu erreichen ist, an Ernst Meier, den Herausgeber des «grossen Westentaschen Weinkenners» (Barrique Verlag), eines überaus praktischen und handlichen Weinführers im französischen Zündholzschachtelformat.

_ Ernst Meier beschäftigt sich seit Jahren speziell mit dem Thema Mariage. Als Erstes hat er mir eine Website angegeben: www.cuisineetvinsdefrance.com/recettes. Auf dieser Seite findet man eine riesige Sammlung französischer Rezepte mit den passenden Weinempfehlungen. Für Hobbyköche, die sich auch für Wein interessieren, ist sie eine wahre Fundgrube. Beispiel: Was trinkt man zu Risotto? Die Empfehlung: einen weissen Burgunder. Oder zu Thymian? Einen Rotwein aus der Provence. Zu Pizza: einen Côte du Rhône. Unser Gespräch begann mit der Feststellung, dass der Begriff Mariage nicht nur das Essen, sondern auch die Umgebung, das Klima und die Esstraditionen umfassen muss. Bekanntestes Beispiel sind die Veltliner: In einer verschneiten Skihütte schmecken diese Weine zu einem Hirschsalsiz ganz köstlich. Da passt alles zusammen, die kalte Bergluft, die rustikale Umgebung, der Rauchgeschmack des Fleisches und der herbe, leicht säuerliche Wein. In Zürich dagegen bestellt kaum jemand einen Veltliner. Ein anderes Beispiel: Früher pflegten meine Frau und ich in Italien und Frankreich kulinarische Entdeckungsreisen zu unternehmen. Natürlich tranken wir jeweils die einheimischen Weine, und regelmässig waren wir davon so begeistert, dass wir die Flaschen kofferraumweise heimschleppten. Wenn wir dann später zu Hause eine Flasche öffneten, waren wir enttäuscht, der Genuss entsprach nie unseren Erinnerungen. Heute ersparen wir uns diese aufwändigen Enttäuschungen und verlassen uns auf das Fachwissen der Schweizer Weinhändler. Neben diesen allgemeinen Bemerkungen wollte ich von Ernst Meier aber doch noch ein paar konkrete Ratschläge für die Leserinnen und Leser bekommen. Und hier eine Mariage, die mir besonders gefällt.

einseitig grillierter thunfisch auf neuen kartoffeln

_ 3 cm dicke Thunfischtranchen kräftig salzen und mit wenig Olivenöl einpinseln. Eine Seite in der sehr heissen Grillpfanne kräftig grillieren. Mit der grillierten Seite nach oben in eine möglichst satt passende, feuerfeste Platte legen und zu zwei Dritteln mit warmem Olivenöl bedecken. Das Olivenöl mit etwas Sambal Olek und einer gehackten Knoblauchzehe aromatisieren. Für etwa 15 Minuten bei 80° in den Ofen schieben. Herausnehmen, in dünne Scheiben aufschneiden. Auf lauwarmen, gekochten Kartoffelscheiben anrichten. Kräftig salzen und pfeffern, mit etwas Olivenöl übergiessen. Dazu passt ein Mas du Soleilla «Clôt de l'Amandier» von Peter Wildbolz und Christa Derungs, erhältlich bei Divo. Peter Wildbolz war Kellermeister der Zürcher Staatskellerei und besitzt heute ein Weingut bei Narbonne.

mariage (2)

_ Mariage, die Heirat von Essen und Wein, ist hier nochmals unser Thema. Nach den allgemeinen Überlegungen komme ich zu einigen praktischen Empfehlungen.

_ Als Erstes stellt sich die Frage: Soll der Wein das Essen begleiten oder das Essen den Wein? Entscheiden wir uns, eine besonders kostbare Flasche zu öffnen, sollte das begleitende Essen in den Hintergrund treten. Ein grosser Wein, ein Burgunder beispielsweise, ein Barolo oder ein Bordeaux, zeichnet sich im Allgemeinen durch seine Vielschichtigkeit und seinen Reichtum an Feinheiten aus. Dominante Speisen können den Trinkgenuss entsprechend beeinträchtigen. Für den Koch bedeutet das: wenig Salz, Säure höchstens durch die Zugabe eines ähnlichen Weines, keine scharfen und salzigen Gewürze, keine fruchtigen Öle, keine Bitterstoffe, keine starken ätherischen Öle von Zitrusfrüchteschalen oder Kräutern wie Pfefferminze, keine rohen Zwiebeln oder Knoblauch, keinen Käse. Sehr gut eignen sich Pastagerichte, vorzugsweise mit Butter und Rahm aus der Emilia Romagna oder dem Piemont. Vorzüglich passen auch Rindfleisch, Kalbfleisch und Geflügel, je nach Art des Weines, gedünstet oder im Ofen gebraten. Gemüse sind unterschiedlich geeignet: Chicorée, Spargel oder Artischocken enthalten zu viele Bitterstoffe, Tomaten oder Peperoni zu viel Säure. Kurz, zu einem grossen Wein soll das Essen mild und harmonisch sein.

_ Ganz anders stellt sich die Frage, wenn wir zu einem bestimmten Gericht den geeigneten Wein suchen. Was passt zu einem Lammgigot oder zu einem gebratenen Kabeljau? Was passt zu Spargel oder zu Spaghetti al pesto? Hier gibt es eine ganz einfache Richtlinie: Halten Sie sich beim Wein an die Region, aus der das Gericht stammt. Die Nationalität ist dabei weniger wichtig als vielmehr Klima und Bodenbeschaffenheit, welche die Vegetation und damit die Landwirtschaft prägen.

_ Norditalien und der nördliche Teil Frankreichs sind ein grosser kulinarischer Raum, das südeuropäische Mittelmeer ein anderer. Jede Region mit ihren spezifischen Nahrungsmitteln und Rezepten hat über die Jahrhunderte die zur Küche harmonierenden Weine hervorgebracht: Zu einer sizilianischen Caponata passt ein sizilianischer Rotwein. Zu einem grillierten Fisch mit Olivenöl und Knoblauch die Weine aus Italien südlich der Toscana oder aus dem Languedoc-Roussillon. Zu Kartoffelgnocchi oder Ravioli, Gerichten aus Norditalien, gehören dagegen die Weine aus dem Veneto, dem

Piemont, Bordeaux oder Burgund. Spargel, ein überaus heikler Heiratskandidat für eine geglückte Mariage, wächst vor allem in Süddeutschland und im Elsass, wo auch Riesling und Gewürztraminer wachsen. Im Elsass finden wir sogar einen Wein zum Choucroute, den einfachen Edelzwicker nämlich. Natürlich wächst Spargel auch in Cavaillon, wo die schönen Weissweine der Provence gekeltert werden.

_ Schwierig wird es mit den Gerichten aus Arabien oder Asien. In diesen Regionen wird traditionellerweise kein Wein getrunken. Der verschwenderische Reichtum an Gewürzen dieser Küchen macht es beinahe unmöglich, einen passenden Wein zu finden. Am ehesten sind es weiche, eher charakterarme Weine aus der Neuen Welt, beispielsweise ein Chardonnay aus Kalifornien oder Chile.

_ Aufschlussreich sind Gerichte, die bereits einen Wein in ihrem Namen tragen: Brasato di manzo al Barolo, Scaloppine al Marsala, Risotto al vino bianco, Bœuf à la bourguignonne. Ausgehend von diesen berühmten Gerichten, kann man viel über Mariages lernen. Nehmen wir als Beispiel den Coq au Riesling und den Coq au vin, zwei Geflügelgerichte, die mit Wein zubereitet werden und doch vollständig verschieden sind. Der Elsässer Coq au Riesling wird in Rahm und Weisswein pochiert, nicht gebraten. Die Säure des Weissweins geht eine perfekte Mariage mit dem Milchzucker und dem Milchfett des Rahms ein. Der burgundische Coq au vin dagegen wird mit Speck und Pilzen gebraten und im Rotwein geschmort. Die kräftigen Röst- und Raucharomen harmonieren perfekt mit den herben Tanninen und der Säure eines robusten roten Burgunders.

(einfache Art)

coq au riesling

_ 8 dicke Poulardenschenkel in 16 Stücke schneiden, salzen, pfeffern und mit einer gehackten Zwiebel in viel Butter hell dünsten. 200 g kleine frische Champignons beifügen und alles mit 1 EL Mehl bestäuben. 2 dl Rahm dazugeben und aufkochen. Mit Elsässer Riesling knapp bedecken und bei milder Hitze 30 Minuten schmoren. Die Sauce mit wenig Zitronensaft, Salz und Pfeffer abschmecken und je nach Bedarf etwas einkochen oder mit Riesling verdünnen.

mariage (3)

_ In der dritten Folge zum Thema Wein und Essen tauchen wir ein in die sehr subjektive Welt der Geschmacksempfindungen. Geschmäcke und Gerüche sind schwierig zu umschreiben, Weinbeschreibungen haben deshalb oft mehr mit Poesie als mit Information zu tun. Ich bin, wie schon gesagt, kein Weinfachmann und habe mir ein ganz kleines persönliches Weinvokabular zurechtgelegt, das ich im Folgenden auch verwenden werde: Weine sind im Wesentlichen süss, sauer, fruchtig, trocken, wuchtig, fad, bitter oder pelzig (adstringierend). Mit meinem kleinen Vokabular möchte ich persönliche Erfahrungen beschreiben, die ich bei der Mariage von Wein und Essen gesammelt habe:

_ Süss und süss verstärken sich gegenseitig: Ein Weisswein mit leichter Restsüsse kann deshalb hervorragend zu einem Rahmgericht passen. Zu viel Restsüsse wirkt dagegen klebrig.

_ Die Kombination süss-bitter ist oft harmonisch, sei dies bei Schokolade und einem Banyuls oder bei Chicorée mit Portwein.

_ Dagegen passen sauer und bitter nicht zusammen, Beispiel Schokolade und Weisswein.

_ Sauer und sauer dagegen harmonieren oft sehr gut miteinander: Zu einer säuerlichen Tomatensauce passt ein säuerlicher Chianti besser als ein pelziger Barolo. Salate sind überaus schwierig, aber nicht unmöglich, mit Wein zu kombinieren. Vieles hängt von der Wahl des Essigs ab. Ein fruchtiger Weisswein mit etwas Restsüsse oder ein fruchtiger Rotwein ohne Tannin kann durchaus passen. Allerdings würde ich zu Salat niemals einen Spitzenwein servieren.

_ Zu Säure passt Fett immer sehr gut, sei dies in Form von Butter, Rahm oder Olivenöl. Deshalb sind zu Geflügel- oder Kalbfleischgerichten auf Rahmbasis fruchtige Weissweine immer einen Versuch wert. Tanninbetonte Weine würde ich dagegen eher meiden.

_ Zuckerhaltige Gerichte lassen säurebetonte Weine noch saurer wirken. Zu einer Kalbsleber passt deshalb ein Chianti oder ein Weisswein eher schlecht.

_ Salz verstärkt die Säure in jedem Fall. Ein säuerlicher Wein kommt bei einem salzbetonten Essen schlecht weg.

_ Die Röstaromen von grilliertem oder gebratenem Fleisch und Fisch harmonieren ausgezeichnet mit gerbstoffhaltigen Rotweinen und weniger mit säurebetonten Weinen. Zu grilliertem oder gebratenem Fisch passt Weisswein deshalb nicht besonders gut.

_ Umgekehrt harmonieren gerbstoffreiche Weine schlecht mit allen Gerichten mit säuerlich-fruchtigen Aromen. Dies gilt vor allem für Gemüsegerichte und Süssspeisen. Hier passen eher säurebetonte, tanninfreie Rotweine und Weissweine.

_ Scharfe und stark gewürzte Gerichte lassen jeden charaktervollen Wein unharmonisch erscheinen. Säure und Gerbstoffe treten viel markanter hervor und gehen mit den Gewürzen selten eine Harmonie ein. Aus diesem Grund sind zwar fruchtige, aber charakterarme Weine zu bevorzugen.

_ Umgekehrt geraten wuchtige und komplexe Weine durch weitere intensive Geschmacksnoten leicht aus dem Gleichgewicht. Am einfachsten sucht man dazu milde und schwach gewürzte Speisen. Falls man trotz aller Bedenken zu einem wuchtigen Wein ein Essen mit kräftigen Aromen servieren will, muss man beim Kochen das Essen sehr präzis auf den Wein abstimmen. Das funktioniert eigentlich nur, wenn man die Flasche bereits während des Kochens probiert, was ja auch eine ganz angenehme Nebenbeschäftigung sein kann. Alles hängt letztlich von der Balance der einzelnen Geschmackskomponenten ab, und die findet man erst beim Ausprobieren. So habe ich auch den passenden Wein zu jungen violetten Artischocken gefunden, einem meiner Lieblingsgemüse im Frühling. Artischocken sind nämlich enorm schwierig mit Wein zu kombinieren. Es ist ein Walliser Heida von Madeleine Gay, der Meisterönologin von Provins.

junge artischocken in gewürztem olivenöl

_ Dazu verwenden wir baumnussgrosse, violette Artischocken. Alle harten Blattteile entfernen und die Artischocken halbieren. In einem Sud aus Weisswein, wenig Essig, einer gehackten Zwiebel, Lorbeerblatt und Nelke 7–8 Minuten kochen. Den Kochsud weggiessen und die Artischocken trocknen lassen. Mit Olivenöl knapp bedecken. Das Öl mit 2 Nelken, 5 Pfefferkörnern, 1 Rosmarinzweig, 1 Prise Zimt und der abgeriebene Schale von 1/2 Zitrone und 1/2 Orange würzen. Mindestens zwei Tage marinieren lassen. Diese Artischocken kann man für sich als Vorspeise servieren, unter einen Risotto mischen oder mit Teigwaren servieren.

verveine

_Verveine ist mein liebstes Küchenkraut. Vielleicht überrascht Sie das, weil Sie es bis jetzt nur in Form von Teebeuteln kennen. Das wäre schade, denn sein fruchtig zitroniges Aroma und sein intensiver Duft passen wunderbar zu frühlingshaften Gerichten, und in der französischen Küche hat es seinen festen Platz. Der ausführliche Name lautet übrigens Zitronenverbene. Das ist insofern wichtig, als Verveine gerne mit dem Eisenkraut (Verbena officinalis) verwechselt wird, welches für die Küche weniger geeignet ist, und darauf gilt es zu achten, wenn man sich im Gartencenter einen Stock kaufen möchte. Damit komme ich zum nächsten schwierigen Punkt: Wo bekommt man frischen Verveine? Nach meiner Erfahrung nirgends. Ich wundere mich schon lange, warum er beispielsweise in den ausgedehnten Kräuterregalen der Grossverteiler fehlt. Vermutlich liegt es daran, dass die geschnittenen Zweige recht schnell verwelken. Es macht also wirklich Sinn, einen kleinen Stock zu kaufen und vor das Küchenfenster zu stellen, wo man jederzeit nach Bedarf ein paar Blätter abzupfen kann. Der Stock wächst bei warmem Wetter sehr schnell, bei grösseren Stöcken kommt man mit Ernten und Verwerten der Blätter im Sommer kaum nach.

_Für Köchinnen, die gerne mit Kräutern arbeiten, lohnt es sich ohnehin, eine kleine Kräuterplantage anzulegen. Das gibt kaum Arbeit, kostet letztlich weniger, als wenn man jedes Mal eine Kräuterbox kaufen muss und vor allem hat man das Problem nicht, was man mit den übrig gebliebenen Stängeln anfangen soll. Dabei gilt es zu beachten, dass es einjährige und mehrjährige Küchenkräuter gibt: Meine einjährigen Favoriten sind: Basilikum, Kerbel und Dill. Majoran gibt es ein- und mehrjährig. Ich persönlich finde das Aroma des einjährigen viel raffinierter. Meine mehrjährigen Favoriten sind Verveine, Zitronenthymian, Salbei, Rosmarin und englische Pfefferminze. Die Mehrjährigen stellt man über den Winter an einen hellen kühlen Ort in der Wohnung. Im Garten setzt man sie am besten an die Hausmauer und deckt sie über den Winter gut ab.

_Nach diesem kleinen Exkurs in die Gartenkunde zurück zum Verveine und seiner Verwendung. Als einfache Richtlinie kann man sagen, er passt in die gleichen Gerichte wie Pfefferminz oder Zitrone: in einen Salat, in eine Tomatensauce, in ein Pouletgericht oder in eine Dessertcrème. Meine einfachste Pastasauce besteht nur aus viel gehacktem Verveine, flüssigem Rahm und frisch geriebenem Parmesan. Ebenfalls sehr einfach ist das folgende Saiblingrezept. Man kann mit diesem Rezept auch Filets von der Seezunge, Rotzunge, dem Zander, Lachs oder Egli zubereiten. Beim Fischeinkauf sollte man sich ohnehin nicht von einer fixen Vorstellung, sondern von der Frische des Angebots leiten lassen.

saiblingfilets mit verveine

_ Eine Pfanne ausbuttern und fein mit gehackten Schalotten und viel gehacktem Verveine bestreuen. Den Pfannenboden mit Weisswein knapp decken. Die Saiblingfilets kräftig salzen, mit Zitronensaft beträufeln und nebeneinander hineinlegen. Sie sollten möglichst den ganzen Pfannenboden bedecken, ohne sich gegenseitig zu überlappen.

_ Die Fischfilets mit Vollrahm bedecken und einmal aufkochen. Die Hitze sofort auf ein Minimum reduzieren und die Fischfilets wenden. Sobald sie gar, aber innen noch glasig sind, herausnehmen und in einer Platte beiseite stellen. Die Sauce kräftig einkochen, mit Salz, Pfeffer, Zitronensaft und frischem Verveine abschmecken und mit dem Mixstab fein pürieren. Die Fische in der fertigen Sauce nochmals wärmen und sofort servieren.

kochsalz

_Es gab eine Zeit, vor zehn, fünfzehn Jahren vielleicht, da war Salz ein verfemtes Nahrungsmittel. Gesundheitsbewusste Leute kochten salzarm, und irgendwie bekam man das Gefühl, sie seien deshalb auch die besseren Menschen. Es galt als chic und gesund, Salz durch Kräuter oder irgendwelche Kräutersalze zu ersetzen. Wenn man bekennender Salzfan war wie ich, riskierte man einen scheelen Blick, sobald man zum Salzstreuer griff: «Weisst du denn nicht, wie schädlich Salz für den Körper ist, für den Blutdruck, das Herz, den Kreislauf?!» Ist es nicht und war es noch nie! Wer nicht krank ist und eine salzlose Diät einhalten muss, für dessen Gesundheit ist der Salzkonsum bedeutungslos. Das sage nicht ich, sondern das bestätigen mir alle Mediziner, die ich in meinem Restaurant dazu befrage, sobald ich merke, dass sie sich mit Ernährungsphysiologie beschäftigen. Möglicherweise habe ich deshalb ein paar Gäste verloren, weil sich die Ärzte bekanntlich nicht gerne auch noch beim Essen über ihren Beruf ausquetschen lassen. Doch da müssen die einfach durch, denn Fragen zur Gesundheit meiner Gäste sind einfach zu wichtig. Ich kann Ihnen also guten Gewissens den aktuellen Stand der medizinischen Forschung weitergeben: Salz ist nicht giftig!

_Wir können uns nun den kulinarischen Fragen zuwenden, und die sind äusserst komplex, denn aus der Optik des Kochs ist Salz keinesfalls einfach gleich Salz. Um ganz präzise zu sein: Wir sprechen hier nur von Koch- oder Tafelsalzen. In den Delikatessenläden füllen verschiedenste Salze ganze Regale, doch chemisch gesprochen handelt es sich immer um 99 bis 100 Prozent Natriumchlorid. Weltweit kommt der weitaus grösste Teil aus Salinen. Dort werden unterirdische Trockensalzseen angebohrt, dann wird Wasser hineingepumpt und als nahezu gesättigte Salzlösung wieder herausgeschwemmt. Weitere 20 Prozent der Weltproduktion stammen aus Salzgärten und werden als Meersalz bezeichnet – obschon natürlich streng genommen auch die Salinensalze aus ausgetrockneten Meeren stammen und kein chemischer Unterschied besteht. Salzgärten sind mit Dämmen abgetrennte Meerflächen, in denen man das Wasser verdunsten lässt, bis nur noch das Salz übrig bleibt. Kurz bevor das Wasser ganz verdunstet ist, entsteht an der Oberfläche die so genannte Salzblume, ein hoch konzentrierter Salzschaum, der von den Salzbauern von Hand abgeschöpft wird, das berühmte Fleur de sel. Es stammt hauptsächlich aus der Bretagne, der Camargue und von der Ile de Ré. Fleur de sel kostet 40 Franken pro Kilogramm und mehr. Es gibt aber in den Delikatessenläden noch teurere Salze: das rosa Salz aus dem Himalaja oder das bläuliche aus Japan. Dieses kann mehrere Hundert Franken pro Kilo kosten. Die grosse Frage ist nun natürlich: Schmecken diese Salze auch anders – und die ernüchternde Antwort ist: nein! Salz kann zwar minimalste Spuren anderer Mineralien enthalten, die ihm je nachdem eine andere Farbe geben, aber man schmeckt derart kleine Mengen nicht heraus. Sie können eine ganz einfache Probe machen: Kaufen Sie in einem Delikatessengeschäft verschiedene Salze. Lösen Sie je 22 Gramm in je 1 Liter warmem Wasser auf, das entspricht in etwa Spaghettiwasser, und vergleichen Sie die verschiedenen Lösungen. Wenn sie in der Lage sind, die verschiedenen Salze zu erkennen, lade ich Sie zu einem Nachtessen in der Reblaube ein. Mit Partner oder Partnerin.

_Damit sind wir aber noch nicht am Ende unserer Salzgeschichte. Es gibt nämlich trotzdem Unterschiede zwischen verschiedenen Salzen, und die liegen in der kristallinen Struktur der Salzkörner. Von dieser hängt ab, wie sich das Salz im Mund auflöst, und davon wiederum hängt ab, ob wir es als angenehm mild oder unangenehm streng empfinden. Denken wir an die so beliebten Laugenbrezel. Dafür verwenden die Bäcker ein Salz unter dem schönen Namen «Bäckerstolz» mit einer Korngrösse von 1 bis 3 Millimetern. Diese groben Salzkörner knirschen wunderbar beim Beissen und schmelzen relativ langsam, weshalb wir sie als mild empfinden. Aus genau diesem Grund wird auch das Fleur de sel in der Gastronomie verwendet. Man kann damit das fertige Gericht auf dem Teller würzen und erzielt drei verschiedene Effekte: Beim Zerbeissen entsteht im Mund eine kurze Salzexplosion, ein Salzflash. Als Zweites kann man es mit zusätzlichen Aromen abschmecken, zum Beispiel Zitronenschale, Pfeffer oder Kräutern, und als Drittes hat der Gast die Wahl, wie stark er sein Gericht würzen möchte. Bevorzugt er salzarme Kost, kann er das Salz wegschieben, ist er ein Salztiger, wird er mit grosser Begeisterung noch den letzten Salzkrümel auftupfen. Damit sind wir beim letzten Punkt der Salzgeschichte angelangt: Salz ist wie kaum ein anderes Nahrungsmittel Geschmackssache.

gewürzsalzideen mit fleur de sel

_ *Zitronensalz: Salz, abgeriebene Zitronenschale, fein gehackter Zitronenthymian*
_ *Orangensalz: Salz, abgeriebene Orangenschale, ein Spritzer Olivenöl*
_ *Orientalsches Salz: frisch geriebener Kardamom und Pfeffer, wenig Muskat und Zimt*
_ *Wildsalz: Salz, gehackte Wacholderkörner, wenig Nelkenpulver, wenig Anis, wenig Zimt, frisch gemahlener, schwarzer Pfeffer*

mörser

_Ein Mörser in einer modernen Küche? Pure Nostalgie und völlig veraltet. Diesen runden Topf aus Stein, Porzellan oder Holz mit seinem passenden Stössel sieht man allenfalls noch in Dokumentarfilmen über indigene Volkstämme, welche darin ihren Getreidebrei zubereiten. Oder man liest davon in alten italienischen Kochbüchern zur Herstellung des berühmten Pesto genovese. Moderne Köche und Köchinnen benutzen vernünftigerweise ein scharfes Küchenmesser oder eine kraft- und zeitsparende Küchenmaschine. Dachte ich bis vor kurzem, stimmt aber nicht ganz.

_Aus einem Buch, das sich mit den physikalischen und chemischen Grundlagen des Kochens beschäftigt, habe ich erfahren, dass der gute alte Mörser gegenüber allen Schneidetechniken einen entscheidenden Vorteil hat: Die verschiedenen Zutaten werden darin zerdrückt und zerrieben und nicht geschnitten. Was dies bedeutet, will ich am Beispiel des Pesto genovese erklären: Mit einem Messer oder Mixer zerkleinert man das Basilikum, den geriebenen Käse, Pinienkerne und Knoblauch mehr oder weniger fein. Ein winziges Blattstück Basilikum bleibt dabei immer noch ein Stück Basilikum und ein winziges Stückchen Pinienkern immer noch ein Stück Pinienkern. Mit dem Mörser dagegen zerdrückt und zerquetscht man die Wände der Zellen, in denen die duftenden Aromastoffe in Form von ätherischen Ölen und Fetten eingeschlossen sind. Und durch das beharrliche Zermahlen mit dem Stössel werden diese Öle und Fette miteinander zu einer harmonischen Einheit vermengt.

_Wir machen uns dabei die Erkenntnis zunutze, dass Öl sich gut mit Öl mischt, im Gegensatz beispielsweise zu Wasser, welches Öl abstösst. Dies ist wichtig, wenn wir mit frischen Kräutern würzen, denn ihr Aroma besteht weitgehend aus ätherischen Ölen: Würzt man eine wässrige Sauce mit Kräutern, passiert nicht viel. Die aromatischen Öle bleiben in den zerhackten Kräutern eingeschlossen und mischen sich mit der Sauce nicht richtig. Man kann die Sauce zwar erhitzen und dadurch die Kräuterzellen zum Platzen bringen. Das tun wir, wenn wir Tee aufbrühen. Aber oft verliert das Kräuteraroma dadurch seine Frische und Kräuter wie Rosmarin oder Kerbel werden beim Erhitzen bitter.

_Zerreibt man dagegen die Kräuter zuerst in einem Mörser mit etwas Öl, wird dabei ihr ganzes Aroma freigesetzt und man erhält ein intensiv duftendes Kräuteröl, mit dem man jede Speise nach Belieben und sehr präzise würzen kann. Aber nicht nur in Kräutern gibt es ätherische Öle, auch in den Schalen von Zitrusfrüchten, in allen Zwiebelgewächsen und in Samen von Koriander, Fenchel oder Kardamom sind sie reichlich vorhanden und können mit der Mörsertechnik genutzt werden. Übrigens haben diese Gewürzöle noch einen Vorteil: Das Öl wirkt konservierend und die Kräuter sind deshalb lange haltbar.

(das Klassische)

pesto genovese

_ 100 g Basilikumblätter kalt abspülen. Mit 8 EL erstklassigem Olivenöl, 2 EL gerösteten Pinienkernen, 2 geschälten Knoblauchzehen und 1 Prise grobem Meersalz in einem Mörser fein zerreiben. Am Schluss 45 g weiche Butter, 50 g Reggiano und 25 g Pecorino (beide frisch gerieben) dazugeben. Tipp: Die Butter durch 4 EL Ricotta ersetzen. Dadurch wird das Pesto leichter.

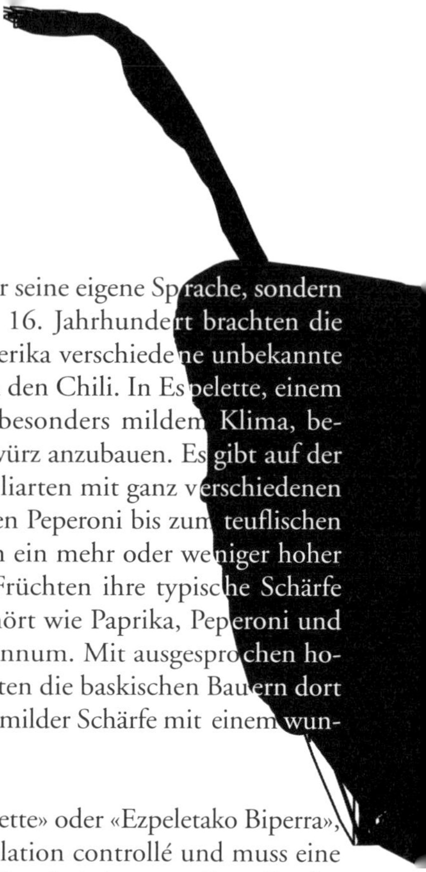

ezpeletako biperra

_ Das Baskenland hat nicht nur seine eigene Sprache, sondern auch sein eigenes Gewürz. Ab dem 16. Jahrhundert brachten die spanischen Conquistadoren aus Amerika verschiedene unbekannte Gewürze nach Hause, darunter auch den Chili. In Espelette, einem kleinen baskischen Bauerdorf mit besonders mildem Klima, begann man 1650 dieses neuartige Gewürz anzubauen. Es gibt auf der Welt über hundert verschiedene Chiliarten mit ganz verschiedenen Kocheigenschaften, von den mildesten Peperoni bis zum teuflischen Cayennepfeffer. Gemeinsam ist allen ein mehr oder weniger hoher Gehalt an Capsaicin, welches den Früchten ihre typische Schärfe verleiht. Der Piment d'Espelette gehört wie Paprika, Peperoni und Peperoncini zur Familie Capsicum annum. Mit ausgesprochen hohem Qualitätsbewusstsein entwickelten die baskischen Bauern dort über die Jahrhunderte ein Pulver von milder Schärfe mit einem wunderbar fruchtigen, warmen Aroma.

_ Seit 2000 ist «Piment d'Espelette» oder «Ezpeletako Biperra», wie er auf baskisch heisst, eine Appelation controllé und muss eine strenge Qualitätskontrolle durchlaufen, bei der nur die vollreifen Früchte zur Ernte ausgewählt werden. Früher wurden sie an langen Schnüren zur Nachreifung an die Hausmauern gehängt, heute ist dies mehr pittoreske Folklore. Die Früchte werden in Öfen bei milder Hitze getrocknet und mitsamt den Samen zu einem groben Pulver zermahlen. Der grösste Teil der Ernte wird so verkauft, es gibt aber auch Piment d'Espelette in Essig eingelegt, als Senf oder zu anderen Produkten verarbeitet.

_ Die Schärfe ist ein merkwürdiges Phänomen in der Küche. Sie ist kein Geschmack wie bitter, süss, sauer, salzig und umami, sondern es sind ganz feine Verletzungen von Zellen in der Mundhöhle. Deshalb spricht man auch zu recht von brennender Schärfe. Zu viel Schärfe kann durchaus zu gesundheitlichen Problemen führen. Zu viel Schärfe narkotisiert aber auch die Geschmacksnerven und zerstört alle Geschmacksnuancen eines Gerichts. Der Piment d'Espelette ist in der Spitzengastronomie in den letzten Jahren äusserst beliebt geworden, weil seine milde und fruchtige Schärfe alle anderen Aromen eines Gerichtes unterstützt und bereichert und nicht abtötet.

kaninchenschulter mit piment d'espelette

_ 250 g Kaninchenschultern pro Person kräftig mit Piment d'Espelette einreiben. In einer Gratinplatte mit Olivenöl, Weisswein, gehacktem Knoblauch, einem Rosmarinzweig und etwas Zitronensaft bedeckt einen Tag marinieren.

_ Das Fleisch aus der Marinade nehmen und bei sehr milder Hitze in einer Bratpfanne rundum langsam anbraten. Die Marinade dazu giessen und kurz einmal aufkochen. Alles zurück in die Gratinplatte geben, nach Belieben getrocknete Tomaten, Oliven und Perlzwiebelchen beifügen und leicht salzen. Mit Alufolie luftdicht verschliessen und bei 100° im Ofen 90 Minuten ziehen lassen.

zubereiten

_ «Die Idee des Rezepts war, den Fisch in einem langsamen Kochvorgang mit den verschiedensten Düften und Geschmäckern der Provence zu verschmelzen, um ein geheimnisvolles, harmonisches Ganzes entstehen zu lassen. Vergleichbar mit der Herstellung eines guten Parfüms, bei dem die einzelnen Duftkomponenten auch nicht erkennbar sein, sondern zu einem neuen Duft verschmelzen sollen.»

soufflé

_«Lieber Herr Brunner, meine verstorbene Mutter hat uns gelegentlich ein Käsesoufflé serviert mit wunderbar knuspriger Kruste, kennen Sie ein entsprechendes Rezept?»

_Liebe Frau Leserin, meine Mutter hat uns gelegentlich auch ein Käsesoufflé serviert, und ich habe das Rezept in einem schwarzen Wachsheft, in dem sie ihre Kochkurse für die Bäuerinnen von Marthalen notiert hat, wieder gefunden. Aber mit diesem Rezept haben wir erst den Anfang des Käsesoufflés. Jetzt kommt der lange Leidensweg über Versuch und Irrtum bis zum perfekten Ergebnis. Denn dieses ist abhängig von der genauen Grösse und Beschaffenheit des Geschirrs, von den Eigenheiten Ihres Backofens und von der genauen Ausführung des Rezepts, bei der schon minimale Abweichungen das Resultat entscheidend beeinflussen können. Auch die genaueste Anleitung wird Ihnen diesen Erfahrungsprozess in Ihrer eigenen Küche nicht ersparen können. «Es ist eine traurige Erkenntnis, dass wir die Temperatur im Innern der Sterne besser kennen als jene im Innern eines Soufflés», hat der Oxforder Niedertemperaturphysiker Nicholas Kurti gemeint, der als Initiant der so genannten Molekularküche berühmt wurde, und auch ich habe bei weitem noch nicht alle Geheimnisse der Soufflés erforscht.

_Soufflés gibt es bekanntlich in unendlich vielen Variationen: mit Schokolade, Nüssen, Hummer, Früchten und vielem mehr. Etwas ist allen gemeinsam, sie enthalten immer Eigelb und Eischnee. Zum Glück haben Sie in Ihrer Frage das Käsesoufflé gewählt, denn es ist eines der einfachsten, weil das darin enthaltene Mehl der Masse zusätzlichen Halt gibt. Es ist also besonders gut für Soufflé-Anfänger geeignet. Die genauen Mengenangaben finden Sie am Schluss des Textes. Zuerst kocht man Milch, Rahm und Butter zusammen auf. Dann gibt man im Sturz das Mehl und den geriebenen Käse dazu und rührt das Ganze bei niederer Temperatur zu einer seidenglatten Masse ab. Meine Mutter gibt noch einen gestrichenen Teelöffel Backpulver zu – aber das Rezept funktioniert auch ohne. Diese Crème würzt man nach persönlichem Gusto mit Salz, Pfeffer, Muskat, Kardamom, Korianderkörnern oder Paprika. Anschliessend gibt man die Eigelbe dazu und schlägt sie kräftig mit dem Schwingbesen. Dadurch vermischen sich die kleinen Fett-, Stärke- und Eiweisskügelchen intensiv miteinander, und das Soufflé geht regelmässig auf. In einem absolut fettfreien Geschirr schlagen wir die Eiweisse zu Eischnee auf. Ein Tropfen Zitronensaft oder eine kleine Prise Salz helfen ihn zu stabilisieren. Er ist genügend fest, wenn wir

ein ganzes Ei mit Schale darauf legen können, ohne dass dieses sinkt. Man kann Eiweiss auch zu lange schlagen, so dass die Luftbläschen wieder kaputtgehen, aber der Spielraum ist hier ziemlich gross. Nun kommt ein ganz wichtiger Moment: Wir mischen in einer grossen Schüssel Käsemasse und Eischnee sorgfältig mit einem Gummispatel. Die Kunst dabei ist, möglichst wenige Luftbläschen im Eiweiss zu zerstören und trotzdem Eischnee und Käsemasse innig miteinander zu verbinden. Es dürfen keinesfalls ganze Eiweissklümpchen übrig bleiben, sonst steigt das Soufflé nicht gleichmässig. Nun buttern wir eine grosse Gratinform oder einzelne Portionenförmchen sorgfältig aus und füllen sie zu zwei Dritteln mit der Soufflémasse. Dabei darf der Rand der Form nicht schmutzig werden. Jetzt geht das Soufflé ab in den Ofen, den wir natürlich vorgeheizt haben. Hier müssen Sie Erfahrungen mit der genauen Ofentemperatur und der genauen Backzeit sammeln, denn nicht jeder Ofen reagiert gleich. Zudem hängen beide Werte von der Grösse und der Beschaffenheit der Gratinform ab, die Sie verwenden. Als Richtlinie gilt: Je grösser das Soufflé, desto tiefer muss die Ofentemperatur und desto länger die Backzeit sein. Als Richtzeit gilt für Portionenförmchen eine Temperatur von 200 Grad während 18 Minuten, für grosse Formen 170 Grad während 35 Minuten. Aber Vorsicht: In den ersten 15 Minuten dürfen Sie die Ofentür keinesfalls öffnen, weil durch die Zugluft die Dampfbläschen im Soufflé zusammenfallen und dann kein zweites Mal aufgehen. Das Soufflé ist fertig, wenn die Seitenwand trocken, hellbraun und die Oberfläche dunkelbraun geworden ist. Und für alle, die sich für die molekularen Aspekte eines Soufflés interessieren, hier eine gute Adresse: science.orf.at/science/news/133922.

(für die Bäuerinnen von Marthalen)

käsesoufflé

_ Für 4 Personen als Hauptgang oder für 6–8 Vorspeisen: 1 dl Milch, 2 dl Rahm, 20 g Butter, 30 g Mehl, 140 g frisch geriebener Sbrinz, Salz und Gewürze nach Wunsch, 1 gestrichener Teelöffel Backpulver, 4 Eigelb, 4 Eiweiss.

blumenkohl

_ Kennen Sie die folgende Definition eines Snobs? Ein Snob ist ein Mensch, der seinen Blumenkohl bei Fleurop bestellt. Dieses Witzchen hat einen wahren Kern: Blumenkohl gilt als ausgesprochen ordinäres Gemüse, das man heute kaum auf der Karte eines feinen Restaurants findet. Wohl immer noch, weil Kohl in jeder Form ein ausgesprochenes Arme-Leute-Gemüse war. Unser Snob würde also wohl kaum Blumenkohl essen, es sei denn das legendäre Blumenkohlpüree mit Beluga-Kaviar, eines der Gerichte, mit denen Joël Robuchon (Prädikat: Jahrhundertkoch) seinen Weltruhm begründet hat. Als Nächstes würde sich bei diesem Gericht die Frage stellen, wo unser Snob seinen Kaviar bestellt. Wir interessieren uns hier jedoch nicht für Kaviar, sondern für den ordinären Blumenkohl. Ob ein Blumenkohlgericht schmeckt oder nicht, hängt, wie meist beim Kochen, vom Rohprodukt ab. Blumenkohl ist kein Lagergemüse. Er ist zwar mehrere Wochen essbar, beginnt aber relativ schnell unangenehm zu riechen, was sein schlechtes Image entscheidend geprägt hat. Im Laden erkennt man dies sofort, wenn man am Strunk schnuppert. Der Geruch soll appetitlich fein und frisch sein. Allgemein ist im Winter der Kohlgeschmack strenger als im Frühsommer. Die Qualitätsmerkmale eines guten Blumenkohls sind: frischer Geruch am Strunk, kleine, feste Röschen mit kurzen Stielen und hellgrüner, saftiger Blätterkranz. Entgegen einer weit verbreiteten Meinung sagt die weisse Farbe hingegen nicht viel über die Qualität des Blumenkohls aus. Nun zur Zubereitung: Im Restaurant schneiden wir Strunk und Stiele heraus und verwenden nur die Röschen, weil die im Geschmack feiner sind – zu Hause mach' ich das natürlich nicht.

blumenkohl auf meine hausmännerart

_ *Einen kleinen, sehr frischen Blumenkohl mit Stumpf und Stiel in eine Pfanne legen. Mit Salzwasser gut bedecken, 1 Lorbeerblatt und 1 Nelke beifügen und den Blumenkohl sehr, sehr weich kochen. Zwischendurch zwei frische Eier während 6 Minuten mitkochen, schälen und mit der Gabel zerdrücken. Schweizer Rapsöl darunter rühren (Olivenöl wäre zu snobistisch) und Sherryessig (das muss sein, weil es keinen guten Schweizer Essig gibt). Diese Sauce mit viel gehacktem Schnittlauch, Petersilie, Salz und Pfeffer abschmecken. Sobald der Blumenkohl butterweich ist, sorgfältig mit dem Schaumlöffel herausheben und das Wasser gut abtropfen lassen. Noch warm auf eine Platte setzen und mit der Eiersauce übergiessen. Als einzige Extravaganz gebe ich im Sommer ein paar Blätter Basilikum dazu. Im Restaurant kochen wir die Blumenkohlröschen immer zuerst in sehr viel Salzwasser knapp weich. Dann fahren wir je nach Gericht ganz verschieden weiter.*

blumenkohl in weissweinsauce

_ *Eine kleine, fein gehackte Zwiebel in Weisswein weich dünsten. Flüssigen Rahm beifügen, zu einer leicht gebundenen Sauce einkochen, salzen, pfeffern und einen Spritzer Zitronensaft dazugeben. Die gekochten Blumenkohlröschen darin wärmen. Sehr gut zu Geflügel passt das:*

blumenkohlpüree

_ *Die gekochten Blumenkohlröschen in eine kleine Pfanne geben und mit Rahm zur Hälfte decken. Den Rahm etwas einkochen, und das Ganze mit dem Mixstab pürieren. Mit einem Spritzer Sherry, einem Hauch Curry und Salz abschmecken. Am Schluss einen Esslöffel Schlagrahm darunterziehen. Aus diesem Püree lässt sich eine raffinierte und einfache Vorspeise ableiten:*

blumenkohlmousse

_ *1 dl Geflügelbouillon wärmen und 2 Blatt eingeweichte Gelatine darin auflösen. (Wer keine Gelatine mag, nimmt Agar-Agar, Pektin oder Xanthan) Mit 250 g fertigem, kaltem Blumenkohlpüree kräftig vermischen. 1,25 dl sehr kalten Vollrahm aufschlagen und sorgfältig unter das Blumenkohlpüree ziehen. 2–3 Stunden in den Kühlschrank stellen. Eine kalte Sauce aus gehackten Tomaten, Essig, Öl, Salz, Pfeffer und Kerbel herstellen. Mit der Glacezange Kugeln von der Mousse abstechen und mit der Tomatensauce umgiessen.*

zwiebel

_ Ab und zu werde ich gefragt, woher ich meine Ideen zum Kochen und zum Schreiben nehme. Die Frage ist für mich falsch gestellt, denn die Ideen kommen zu mir oder ich begegne ihnen. Der Knackpunkt ist vielmehr zu entscheiden, was auch Leserinnen und Leser interessieren könnte. – Dieses Thema verdanke ich einem Leser, der in einem ausführlichen Brief alles über Zwiebeln wissen wollte, die Basics zum Thema Zwiebeln, wie er formulierte. Zuerst dachte ich, was für ein langweiliges Thema, und schrieb eine kurze, freundliche Antwort. Inzwischen ist ein Jahr vergangen, und als ich letzthin über den Gemüsemarkt am Helvetiaplatz schlenderte, ist mir bei Rossetti das reichhaltige Zwiebelsortiment aufgefallen, und ich realisierte, dass die Zwiebel doch ein spannendes Thema sein könnte. Beispielsweise die kleinen Lampusciuni, eine rare Spezialität aus Italien. Sie werden kurz gekocht, mit Essig gewürzt und schmecken köstlich zu jedem Salat. Man kann sie auch in Essig einlegen und in Einweckgläser abfüllen und hat damit jederzeit eine kleine Beilage, beispielsweise zu Geschwellten. Im Folgenden gebe ich Ihnen ein paar weitere Tipps und Tricks rund um die Zwiebeln.

_ In Kochrezepten tauchen immer wieder «Echalotten» auf, sie sind die Lieblinge der Kochprofis. Diese dünnschalige, scharfe Sorte heisst allerdings nur auf Französisch «échalotte», Deutsch ist die korrekte Bezeichnung Schalotte oder Eschlauch. Ihre Beliebtheit verdankt die Schalotte einerseits ihrem pikanten Aroma und andererseits dem Umstand, dass sie sich sehr fein hacken lässt, was in der edlen Küche eine wichtige Rolle spielt. Nehmen wir als Beispiel das geschnetzelte Kalbfleisch nach Zürcher Art: Das Fleisch wird angebraten, dann werden Champignons und gehackte Schalotten beigefügt und nur ganz kurz mitgebraten. Gewöhnliche Zwiebeln wären noch roh, die Schalotten dagegen sind in dieser knappen Zeit bereits gar. Wenn wir Bratkartoffeln mit Zwiebeln zubereiten, besteht die Gefahr, dass die Zwiebeln verbrennen, bevor die Kartoffeln gar sind. Dies lässt sich vermeiden, indem man die geschnittenen Zwiebeln im voraus ganz kurz in sprudelndem Wasser überwallt, was wir Köche blanchieren nennen. Bratzwiebeln für Spätzli, Älplermakkaronen oder eine Bratwurst werden besonders köstlich, wenn man sie in Butter ausbäckt: Man kocht viel frische Butter in einem kleinen Pfännchen auf und wartet, bis sich der Milchzucker und das Eiweiss am Pfannenboden abgesetzt haben. Dann giesst man das reine Butterfett durch ein Tüchlein oder ein ganz feines Sieb sorgfältig ab. Die geschnittenen Zwiebeln gibt man nun in dieses Butterfett und wartet, bis sie zuerst hellbraun und dann rotgoldig werden. Anschliessend verteilt man sie auf Küchenpapier und stellt sie in den warmen Ofen, um sie abzufetten. Dabei trocknen sie etwas aus und werden schön knusprig. Für eine Sauce muss man die geschnittenen Zwiebeln dagegen leicht mehlen und langsam in Butter hellbraun rösten. Anschliessend löscht man mit Weisswein und wenig Rinderbouillon ab und dünstet sie bei kleiner Hitze weich. Fügt man ein kleines Glas Marsala oder Madeira bei, bekommt man eine besonders aromatische Sauce für einen Schweinebraten.

_ Auf den Gemüsemärkten findet man die jungen Frühlingszwiebeln, kleine weisse Knollen mit grünen Stängeln. Das Zwiebelgrün lässt sich wie Schnittlauch verwenden, also in einem Kartoffelsalat oder geschnetzeltem Kalbfleisch. Die weissen Knollen sind besonders mild und eignen sich auch zum roh Essen, frisch geschnitten im Salat. Bei uns weniger gebräuchlich, aber in den Mittelmeerländern sehr beliebt, sind die grossen weissen Gemüsezwiebeln. Sie kommen meist aus Spanien und werden über 200 Gramm schwer. Ihr schneeweisses Fleisch ist mild und schmeckt leicht süsslich. Gemüsezwiebeln eignen sich speziell für eine Peperonata oder zum Füllen. Dafür werden sie erst weich gekocht, etwas ausgehöhlt, mit Hackfleisch gefüllt und in einer Gratinplatte mit wenig Bouillon weich geschmort. Zum Abschluss verrate ich Ihnen mein Lieblingsrezept mit Zwiebeln, das Sie auch in grösseren Mengen herstellen und in Einweckgläsern bis zur Verwendung aufbewahren können. Eine aparte Beilage zu Entrecôte, Siedfleisch oder Geflügel.

schalottenkompott mit portwein und korianderkörnern

_ 250 g Schalotten schälen und in 1 EL Butter langsam rundherum hellbraun rösten. Mit Portwein bedecken, einen Kaffeelöffel Korianderkörner beifügen und zugedeckt weich kochen. Gleichzeitig soll der Portwein zu einem konzentrierten Sirup einkochen, welcher die Schalotten vollständig umhüllt. Leicht salzen und kräftig pfeffern.

zitrone

_Zitronen sind in meiner Küche ebenso unverzichtbar wie Brot und Salz. Ich liebe es zwar, wenn unser Vorrats- und Kühlschrank nahezu leer ist, aber wenn keine Spaghetti, kein Stück Parmesan, keine Butter oder eben keine Zitronen vorhanden sind, muss ich sofort einkaufen gehen. Aus diesen vier Zutaten setzt sich nämlich meine Leibspeise zusammen. Zitronen sind zwar ein ganz alltägliches Nahrungsmittel, jedoch so unendlich vielseitig und raffiniert einsetzbar, dass ich selbst mit vierzig Jahren Kocherfahrung immer wieder neue Möglichkeiten entdecke. Es ist deshalb höchste Zeit, dieser gelben Wunderfrucht eine Kolumne zu widmen. Als Erstes gilt es zwischen zwei grundverschiedenen Bestandteilen der Zitrone zu unterscheiden, die kulinarisch aber beide wertvoll sind: dem Fruchtfleisch und der Schale. Das Fruchtfleisch ergibt den säuerlichen Zitronensaft und ist wasserlöslich. Die Schale enthält in ihrer äussersten, dunkelgelben Schicht hoch aromatische, aber keineswegs saure ätherische Öle, die fettlöslich sind. Wenn wir also sagen, etwas schmecke «zitronig» kann dies zwei ganz verschiedene Geschmäcker meinen. Obwohl die meisten Leser beim Wort Zitrone wahrscheinlich an den saureren Saft denken, ist die Schale kulinarisch viel interessanter. Über den Zitronensaft brauche ich deshalb nicht viele Worte zu verlieren. Er hat ein leicht verständliches Aroma, und selbst Leute, die nicht kochen können, wissen, wo und wie man ihn benützt. Höchstens vielleicht ein allgemeiner Hinweis: Jedes Gericht sollte zwischen süss, salzig, sauer, scharf und bitter richtig ausbalanciert sein. Deshalb gibt man auch in Süssspeisen eine Prise Salz – und umgekehrt. Kürzlich habe ich bemerkt, dass man eine Fleischsauce oft am besten mit ein paar Tropfen Zitronensaft ausbalanciert, weil seine Säure neutraler ist als beispielsweise die des Weins, die für Fleischsaucen gebräuchlicher ist. Nun zur Zitronenschale: Ihre aromatischen Öle lagern nur in der äussersten dunkelgelben Schicht, weiter innen treffen wir schnell auf unangenehme Bitterstoffe. Seit ein paar Jahren gibt es in guten Küchenfachgeschäften eine neuartige Reibe unter dem Namen Microplan, mit sehr dünnen, rasierklingenscharfen Schnittflächen. Damit gelingt es sehr gut, die aromatische Schicht ohne Bitterstoffe abzureiben.

_Im Folgenden habe ich Ihnen ein paar Zutaten basierend auf Zitrone zusammengestellt, wie sie in unserem Restaurant eigentlich immer vorrätig sind. Es sind kleine Ideen, ich nenne sie Pfiffigkeiten, die das kreative Kochen erleichtern können.

zitronensalz

_ *Ein Wundermittel, das aus der Patsche hilft, wenn man nicht mehr weiss, wie man einem Gericht oder einer Sauce mehr Pfiff und Klasse verleihen kann: Grobes Salz (es muss kein Edelsalz sein) mit viel abgeriebener Zitronenschale mischen. Das Zitronenaroma wird vom Salz konserviert und bleibt lange frisch. Tipp: Falls man möchte, dass die Salzkörner auf dem Fleisch oder dem Fisch nicht sofort schmelzen, mischt man ganz wenig Olivenöl dazu.*

zitronenöl

_ *Es eignet sich vorzüglich für Fischgerichte und Salate, darf aber nur leicht erwärmt werden. Fein abgeriebene Schale von etwa zwei Zitronen mit 1 dl lauwarmem Olivenöl mischen, 24 Stunden stehen lassen und absieben.*

marinierte zitronenschalen

_ *Ein apartes Gewürz für Fisch und Geflügel. 100 g Salz und 10 g Zucker mischen. 4 Zitronen kreuzweise einschneiden, so weit, dass sie nur noch am Stielansatz zusammenhalten. Innen je mit einer Prise Zuckersalz würzen und in ein Glas legen. Mit dem restlichen Zuckersalz bestreuen und im Kühlschrank 3 Wochen ziehen lassen. Unter kaltem Wasser sehr gut abspülen, die äusserste, gelbe Schicht der Schale in lange, hauchdünne Steifen schneiden, den Rest der Zitrone entsorgen.*

zitronenkrokant, zitronenpulver

_ *Diese knusprige Zitronenvariante überrascht als geschmackliche Abrundung sowohl auf salzigen wie auch auf süssen Gerichten. Das Pulver hält monatelang, es lohnt sich also, eine grössere Menge davon zu produzieren. Die Schale von 4 Zitronen mit dem Kartoffelschäler abziehen. In einem Sirup aus 150 g Puderzucker und 1 dl Wasser weich kochen, dann den Sirup vollständig einkochen. Auf ein Blech giessen und im Ofen bei etwa 80 – 90° mehrere Stunden vollständig austrocknen lassen, bis die Schalen hart sind. Grob hacken oder fein pulverisieren. Und falls Sie meine Leibspeise nachkochen möchten:*

zitronenspaghetti

_ *Einen Topf Spaghettiwasser aufsetzen (60 g Salz pro 5 L) und eine grosse Porzellanschüssel darauf setzen. Sobald die Schüssel warm wird, 1 EL Butter, 1 KL Olivenöl, 4 EL frisch geriebenen Parmigiano-Reggiano und die abgeriebene Schale einer Zitrone hineingeben und verrühren. Wenn das Wasser kocht, die Schüssel wegstellen und 500 g Spaghetti der Molina di Poschiavo im Salzwasser al dente kochen. Kochend heiss und tropfnass in die Schüssel geben, mit den restlichen Zutaten vermischen und sofort essen. Manchmal gebe ich noch frisch gemahlenen, langen Pfeffer darüber, im Sommer ein paar ganze Basilikumblätter.*

randen

_Das einfachste ist gleichzeitig das spektakulärste Randenrezept: Man ersetzt bei Gschwellti mit Chäs die Kartoffeln durch die blutroten Knollen. Eine andere, ebenfalls sehr spezielle Idee ist ein Käsefondue, bei dem man das Brot durch gekochte Randenwürfel ersetzt. Dank der intensiven Farben wird dieses Fondue zu einem Kunst-Happening. Damit haben Sie heute bereits zwei Rezepte von mir bekommen, und im gleichen Stil soll es auch weitergehen. Vor den weiteren Rezepten gibt es aber noch ein bisschen Warenkunde: Die Rote Bete gehört zur gleichen Familie wie die Zuckerrübe und die gelbe Rübe, was weiter nicht erstaunt. Hingegen überraschte mich, dass auch der Krautstiel zur gleichen Familie gehört. Das erklärt, wieso es auf den Gemüsemärkten zunehmend nicht nur weissen, sondern auch roten und gelben Krautstiel zu kaufen gibt.

_Die Rande strotzt mit ihrem Eiweiss, den essenziellen Fettsäuren und organischen Säuren, den vielen wichtigen Mineralien und Vitaminen vor Gesundheit. Trotzdem ist sie vor allem in Deutschland wegen ihres teilweise hohen Nitratgehaltes zeitweise in Verruf geraten. Dieser hängt in erster Linie mit der Überdüngung zusammen. Deshalb lohnt es sich bei den Randen besonders, den biologischen Anbau zu berücksichtigen, wo zu Gunsten der Qualität auf Höchsterträge verzichtet wird. Doch jetzt ist Schluss mit der Gesundheit – wenden wir uns dem Kochen, Essen und Geniessen zu. Kleine Randen sind nach meiner Erfahrung schmackhafter als grosse Knollen. Ein besonderer Leckerbissen sind die «Little Balls», die aussehen wie Babybels. Leider habe ich sie auf dem Markt erst einmal gesehen und bin immer noch auf der Suche nach ihnen. Hier wäre doch wieder einmal eine Gelegenheit für Innovation anstatt Subvention in der Landwirtschaft: leckere Babyranden für Gourmets statt hoch subventionierter Rüben für die hoch subventionierte Zuckerindustrie. Ebenso wie ich nie vorgekochte Kartoffeln kaufe, würde ich nie vorgekochte Randen kaufen. Abgesehen vom höheren Nährwert, schmecken sie frisch abgekocht auch wesentlich besser. Ich mag sie aber ausgesprochen gerne roh, beispielsweise als gebeiztes Wintergemüse.

gebeiztes wintergemüse

_ 100 g Rettich, 200 g rohe Randen, 200 g Karotten und 200 g Sellerie in feine Streifen hobeln. 20 g Meerrettich und 20 g Ingwer, beides frisch gerieben, beifügen. Das Ganze kräftig salzen, weich kneten und das Wasser auspressen. Die Filets von 2 Orangen sorgfältig dazugeben. Mit dem Saft der Orangen, Zitronensaft, Koriander aus der Mühle und Sonnenblumenöl abschmecken. Zusammen mit Sauerrahm servieren.

(eine hübsche Vorspeise)

randen mit büffelmozzarella

_ Frisch gekochte Randen in dicke Scheiben schneiden und ganz leicht wärmen. Abwechslungsweise mit dicken Scheiben Büffelmozzarella anrichten. Eine Sauce aus Baumnussöl, Sherryessig, Salz und Pfeffer darübergiessen.

(wunderbar zu Wiener Schnitzel oder Kalbskotelett)

randensalat

_ Die Randen in Salzwasser mit wenig Essig, 1 Lorbeerblatt und 1 Nelke knapp weich kochen. Schälen und mit einem kleinen Apfel in Scheiben schneiden oder raspeln. Mit einer Sauce aus Essig, Sonnenblumenöl, einer fein gehackten Zwiebel, Salz und Pfeffer mischen.

(eine etwas aufwändigere Vorspeise, die Sie vielleicht in ein Festtagsmenu einbauen möchten, die sich fixfertig vorbereiten lässt)

cidre-randen mit coquilles saint-jacques

_ Für 4 Personen: Rohe Randen in 12 Scheiben, 2 mm dünn und 5 cm Durchmesser schneiden. 3 dl französischen Cidre (zur Not auch sauren Apfelsaft) mit den Randenabschnitten, wenig Zimt, Zucker, Lorbeer und Nelke auf einen Drittel einkochen. Den Saft durch ein Sieb passieren und in eine Casserole geben. Die Randenscheiben darin knapp weich kochen. Pro Person drei halbe Coquilles Saint-Jacques auf ein Blech legen. Beidseitig salzen, pfeffern, mit Limettensaft und Olivenöl beträufeln und in den Kühlschrank stellen. Vor dem Servieren auf jeden Teller drei Randenscheiben legen, in die Mitte die Coquilles Saint-Jacques geben und mit dem Randensaft umgiessen. Nach Belieben zwischen die Randenscheiben je einen Tupfer Sauerrahm zufügen.

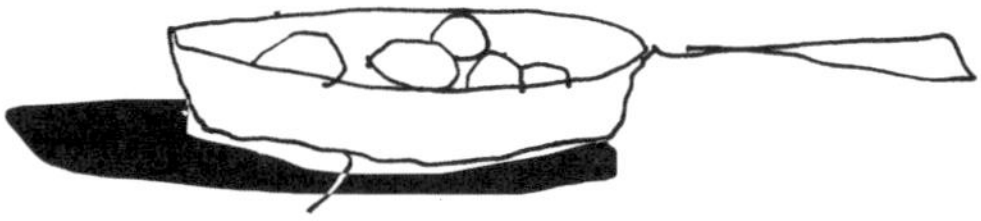

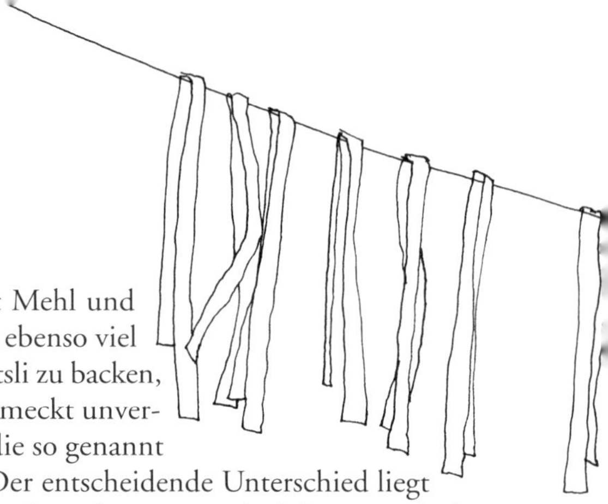

pasta fresca

_ Frische Pasta mit Mehl und Eiern herzustellen macht ebenso viel Spass wie Weihnachtsguetsli zu backen, und es lohnt sich! Sie schmeckt unvergleichlich viel besser als die so genannt frische aus dem Laden. Der entscheidende Unterschied liegt in der Handarbeit. Dazu braucht es nur ein Messer und ein Wallholz. In den Ferien ersetzte ich das Wallholz sogar durch eine Weinflasche. Selbst mit der kleinen Nudelmaschine erreicht man nicht dieselbe Qualität, obschon solche auch schon sehr, sehr lecker ist. Getrocknete Hartweizenpasta, die aus Süditalien stammt, ist übrigens eine vollkommen andere Geschichte. Die frische Pasta kommt ursprünglich aus der Emilia Romagna, wo sie noch heute in vielen kleinen Geschäften und Küchen in unvergleichlicher Güte von Hand und con amore zubereitet wird. Anlass für die Geschichte ist eine Kritik in unserem Restaurant, die Tagliatelle seien nicht al dente. Hier liegt ein Missverständnis vor: Frische, handgemachte Teigwaren sind mürbe und niemals al dente, dieser Begriff gehört in die Abteilung Spaghetti & Co. Kochen wir heute also auf die primitivste und sinnlichste Art die besten Nudeln.

_ Für zwei Personen benötigen wir 150 g Mehl und zwei Eier. Das Mehl formen wir zu einem Vulkankrater, die Eier verquirlen wir und giessen sie in das Loch. Zuerst mit den Fingerspitzen, nach und nach mit den ganzen Fingern und zum Schluss mit dem Handballen kneten wir einen runden, geschmeidigen Teigballen, wobei die Arbeitsfläche am Schluss blitzsauber wird. Falls wir den Teig für Ravioli verwenden wollen, geben wir gegen Ende noch einen Esslöffel Sonnenblumenöl dazu, damit der Teig etwas zäher wird. Den Teigballen teilen wir in vier Stücke, die wir einzeln nochmals kräftig durchkneten. Ideal dafür sind vier Kinder, mit denen man einen Wettbewerb veranstaltet, wer den Teig am längsten kneten kann. Andernfalls kann man sich auch mit einer Teigknetmaschine behelfen. Nun wallen wir die einzelnen Teigstücke auf der leicht gemehlten Arbeitsfläche zu einem hauchdünnen Blatt aus. Eine italienische Pastaköchin zieht am Schluss den Teig, ähnlich wie für einen Strudel, noch über ein Rundholz aus. Damit der Teig dabei nicht reisst, erfordert dies jedoch enorm viel Können und Erfahrung und deshalb lassen wir es lieber bleiben. Jetzt kommt der kreative Teil der Arbeit. Wir können die Pasta auf eine beliebige Art zuschneiden oder ausstechen. Bleiben wir heute bei den klassischen Bandnudeln: Taglierini sind die ganz dünnen Fettuccine und Tagliatelle sind et-

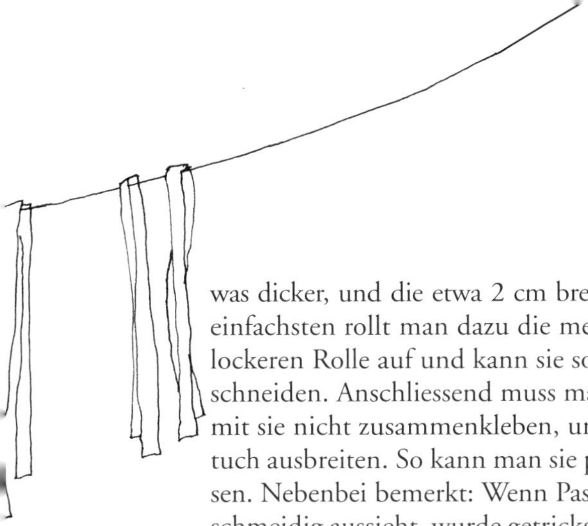

was dicker, und die etwa 2 cm breiten Pappardelle die dicksten. Am einfachsten rollt man dazu die mehlbestäubten Teigblätter zu einer lockeren Rolle auf und kann sie so bequem in regelmässige Bahnen schneiden. Anschliessend muss man die Nudeln sofort lockern, damit sie nicht zusammenkleben, und auf einem gemehlten Küchentuch ausbreiten. So kann man sie problemlos längere Zeit liegen lassen. Nebenbei bemerkt: Wenn Pasta im Laden noch feucht und geschmeidig aussieht, wurde getrickst, denn natürlicherweise trocknet sie sehr schnell an. Hier wurde irgendeine Frischhaltebehandlung vorgenommen, welche mit Sicherheit die Qualität beeinträchtigt.

_Nun zur Zubereitung: Selbstverständlich kocht man frische Nudeln nicht vor. Die Gäste sollen erwartungsvoll am Tisch sitzen, wenn man die Nudeln in einen Topf mit mindestens 4 Litern kochendem Wasser und 2 Esslöffeln Salz gleiten lässt. Pro weitere Portion erhöht sich die Wassermenge um mindestens einen Liter. Die Zugabe von Öl ist unnötig und beeinträchtigt den Kochprozess. Nach etwa drei Minuten giessen wir die tropfend nassen Nudeln in eine Schüssel und geben frisch (!) geriebenen Parmesan und Butter dazu. Entweder ein schönes Stück frische Tafelbutter oder ein paar Esslöffel braune Butter, die wir im Voraus zubereitet haben. Zusammen mit etwas Kochflüssigkeit rühren wir das Ganze sorgfältig um, dabei entsteht eine kleine, wunderbar duftende Crème, welche die Nudeln umhüllt. In der Schüssel werden die Nudeln etwas zusammenpappen, im Mund jedoch sind sie zusammen mit dem Wasser, das uns vor Entzücken zusammenläuft, perfekt. Und weil man ja nicht immer Lust und Zeit für diese Arbeit hat: der Nudel-Einkaufstipp. Zu kaufen gibts die besten Nudeln der Stadt nach meiner Meinung immer noch bei Patrizia Fontana an der Scheuchzerstrasse. Ebenfalls prima finde ich die Nudeln von Fontaneto, zu kaufen zum Beispiel im Chäs-Chäller im Niederdorf, bei Covo di sapori an der Säntisstrasse, bei Calleri an der Bahnhaldenstrasse in Seebach oder bei Valentino in der Bahnhofspassage.

polenta

_Polenta ist ein magisches Gericht. Kaum ein anderes ist von so vielen Bildern, Geschichten und Mythen umwoben. Auf der Alpensüdseite, vom Veneto und dem Friaul über die Lombardei, das Tessin und das Bündnerland bis ins Veltlin, war die Polenta während Jahrhunderten für die Menschen wichtiger als Brot. Das Wort stammt übrigens von Pollen, dem lateinischen Wort für Mehlstaub, ab. Noch heute brodelt in vielen Kochbüchern die wahre Polenta während Stunden in verzinntem Kupferkessel über dem Holzfeuer unter den wachsamen Augen einer mit Holzkelle bewaffneten Nonna, als lebten wir noch zu Zeiten der «Schwarzen Brüder» von Lisa Tetzner. Zu keinem anderen Gericht habe ich schon so viele Streitgespräche geführt, aber auch Zustimmung erhalten. Ich liebe Polenta, aber ich hab ein ziemlich nüchternes Verhältnis zu ihr: Selbstverständlich bekommt sie über einem Holzfeuer einen besonders aparten Rauchgeschmack, aber wer verfügt zu Hause noch über einen Holzherd? Die Kupferkesselgeschichte und die ganze Rührerei halte ich jedoch für Hokuspokus.

_Die Zubereitung einer guten Polenta ist eine relativ einfache Geschichte. Man benötigt dazu nur einen guten Maisgriess, eine gute Kochflüssigkeit und etwa eine Viertelstunde Arbeitszeit. Beginnen wir beim Mais: Es gibt weisse, gelbe, rote und schwarze Polenta aus weissem, gelbem, rotem Mais und – nein, nicht schwarzem Mais, sondern aus Buchweizen. Mir persönlich schmeckt der rote Mais am besten, aber er ist äusserst rar. Ob der Griess grob, mittel oder ganz fein gemahlen sein soll, ist Geschmackssache, wir verwenden einen mittleren Mahlgrad. Für die Qualität des Maises ist ein ganz anderer Faktor entscheidend, nämlich die Frische. Konkret sollte er nicht älter als ein Jahr sein, und zwar aus folgendem Grund: Das Maiskorn enthält viele ungesättigte Öle, welche den typischen Geschmack geben, aber auch relativ schnell ranzig werden. Das passt der Industrie und den Grossverteilern natürlich nicht in ihre Logistik, deshalb werden die schmackhaften Teile entfernt, um den Mais haltbarer zu machen. Wir verwenden ausschliesslich Jahrgangsmais der Molina di Poschiavo. Aber nach meinen Erfahrungen ist auch in den Reformhäusern die Maisqualität im Allgemeinen ganz ausgezeichnet. Nun zur Kochflüssigkeit. Traditionellerweise wurde die Polenta ausschliesslich mit Salzwasser gekocht. Nicht etwa, weil das eine besonders schmackhafte Polenta gibt, sondern ganz einfach, weil diese armen Menschen damals nichts anderes hatten. Glücklicherweise geht es uns heutzutage besser, und davon sollten wir auch profitieren. Zwei Alternativen stehen für mich im Vorder-

grund: eine frische Rinderbouillon oder eine frische Gemüsebouillon. Aber bitte keine Fertigware, das macht den natürlichen Maisgeschmack kaputt, dann lieber nur Salzwasser. Zugegeben, eine Rinderbouillon macht etwas viel Arbeit, aber die Gemüsebouillon ist in zehn Minuten zubereitet: Gemüsereste wie Rüebli, Fenchel, Sellerie, Zwiebeln oder Lauch mit Wasser bedecken, ein Lorbeerblatt, eine Nelke und ein paar Korianderkörner zugeben. Die Bouillon kochen lassen, bis man die Polenta zubereiten will, und sie dann nur noch durch ein Sieb giessen. Wenn ich sage, die Arbeitszeit betrage eine Viertelstunde, meine ich natürlich nicht die Instant-Polenta, die kommt für einen Polentaliebhaber nicht in Frage. Sondern wir lassen den Ofen arbeiten: Die Flüssigkeit aufkochen, den Maisgriess durch die Finger hineinrieseln lassen und etwa fünf Minuten kräftig rühren, bis der Griess gebunden ist. Je nach Rezept Butter, Käse und Gewürze beifügen und die Pfanne gut verschlossen bei 140 Grad für etwa eine Stunde in den Backofen stellen. Herausnehmen, kräftig umrühren, auf eine Platte giessen und servieren. Während die Polenta im Ofen vor sich hin schmort, kann man mit den Kindern Hausaufgaben machen, den Tisch decken oder fernsehen. Jedenfalls muss man diese Zeit nicht als Arbeitszeit rechnen. Mindestens so gut wie Polentabrei schmecken gebratene Polentaschnitten. Dazu kocht man die Polenta wie oben beschrieben, giesst sie aber am Schluss auf ein kalt ausgespültes Blech, streicht sie möglichst dünn aus und lässt sie vollständig auskalten. Dabei wird sie fest und lässt sich problemlos in kleine Schnitten schneiden. Falls man über einen Racletteofen verfügt, kann man zum Beispiel diese Polentaschnittchen als Unterlage für das Raclette verwenden.

(und hier die genauen Mengenangaben für etwa 4 Personen)

unsere polenta

_ 1 L Gemüsebouillon, 200 g Maisgriess, 60 g frische Butter und 50 g frisch geriebenen Parmesan oder Pecorino, Salz nach Gutdünken.

fleischeslust (1)

_ «Sehr geehrter Herr Brunner, ich bin ein junger Student und koche für mein Leben gern. Ich liebe es aber auch, im Restaurant ein Entrecôte zu bestellen, und mir ist dabei aufgefallen, dass die Fleischstücke alle einen bestimmten Geschmack aufweisen, den ich besonders mag. Es wäre sehr schön, wenn ich zu Hause ein Entrecôte in gleicher Qualität selber zubereiten könnte. Dies will mir jedoch nie so recht gelingen. Ist die Fleischqualität im Restaurant besser oder die Zubereitung anders? Ich hab das Fleisch schon an unterschiedlichen Orten gekauft und auch unterschiedliche Arten ausprobiert: verschiedene Labels von Schweizer Rindfleisch, argentinisches Rindfleisch. Bei der Zubereitung habe ich auch schon alles versucht: Gusseisenpfanne, Grillpfanne; Bratbutter, Kochbutter, Olivenöl, Rapsöl; Fleur de Sel, schwarzen Pfeffer. Wieso kriege ich diesen Geschmack nicht hin? Als Student kann ich mir natürlich nicht jeden Tag ein Stück Entrecôte leisten, umso verlockender ist der Gedanke, das seltene Ereignis zu perfektionieren.»

_ «Lieber Leser, ein schwacher Trost zuerst: Verzweifelte Fragen zur Fleischzubereitung gehören zu den häufigsten Themen, weil dabei so viele kleine Details eine enorm grosse Rolle spielen. Und mit dem Entrecôte haben Sie gleich eines der allerheikelsten Stücke ausgewählt. Wie Sie richtig vermuten, beginnt alles mit dem Einkauf. Vergessen Sie die Schweizer Qualität, falls Sie nicht einen Metzger mit besonderen Beziehungen kennen. Zwar sagte Ex-Bundesrat Blocher, dass die Qualität der Schweizer Landwirtschaft zu schützen sei, aber er kann damit nur gemeint haben, dass ihre Produkte sonst schlicht unverkäuflich wären. Also ein ausländisches Entrecôte muss es wohl sein, und das kostet, bevor es über die Schweizer Grenze kommt, etwa 18 Franken pro Kilogramm. Anschliessend kassieren aber die Fleischlobby und der Bund nochmals rund 20 Franken ab, bevor es überhaupt in der Vitrine Ihres Metzgers liegt, der damit noch nichts verdient hat. Das ist natürlich für einen armen Studenten und andere Leute mit schmalem Geldbeutel besonders ungerecht. Trotzdem, wenn Sie keine Enttäuschung erleben wollen, kaufen Sie Ihr Entrecôte aus den USA, Neuseeland, Irland, Argentinien oder Brasilien. Das ist in dieser Reihenfolge meine persönliche Hitliste. Falls Sie die Möglichkeit haben, kaufen Sie es bei unseren europäischen Freunden jenseits der Grenze ein, etwa zum halben Preis, was Ihrem Studentengeldbeutel eher entspricht. Eine gute und günstigere Alternative ist übrigens ein gut gelagertes Hohrückenstück. Schauen Sie dabei, dass das Fleisch schön marmoriert, das heisst von kleinen Fettäderchen durchzogen ist, denn der Geschmack steckt im Fett. Schön rotes oder feucht glänzendes Fleisch ist zu wenig gelagert und wird zäh. Besonders gut gelagerte Stücke sind bereits leicht braun angelaufen und leicht angetrocknet, wie man das in französischen und italienischen Metzgereien oft sieht. Doch das finden Sie in der Schweiz praktisch nicht. Noch ein weiterer Qualitätstipp: Bitten Sie den Metzger, seinen Daumen ins Fleisch zu drücken. Wenn ein tiefer Abdruck sichtbar bleibt, ist es vermutlich ausreichend gelagert.

_Kaufen Sie kein zu dünnes Stück, mindestens 3–4 cm sollten es schon sein. Es braucht eine gewisse Zeit, um ein Entrecôte schön knusprig anzubraten, und ein dünnes wird dabei allzu schnell grau. Falls Ihnen das zu teuer wird, bilden Sie mit jemandem eine Einkaufs- und Kochgemeinschaft und kaufen ein Entrecôte double, also eines für zwei. In diesem Fall ist geteilter Genuss ein doppelter Genuss. Wenn Sie das Entrecôte am gleichen Tag zubereiten wollen, legen Sie es keinesfalls in den Kühlschrank. Das hat einen physikalischen Grund: Von 4 Grad bis auf die Kerntemperatur von 45–55 Grad müssen Sie das Entrecôte um rund 40 Grad erhitzen. Von 18–20 Grad nur um rund 20 Grad, und das geht wesentlich schneller und schonender. Legen Sie also Ihr Entrecôte auf einen Teller, und pinseln Sie es mit etwas Erdnussöl ein. Wir geben in unserem Restaurant zusätzlich ein paar Tropfen Sojasauce bei. Deren Zuckergehalt verbessert beim Anbraten die so genannte Maillard-Reaktion, welche für das köstliche Röstaroma verantwortlich ist. Zwar ziehen Zucker und Salz der Sojasauce etwas Wasser aus dem Fleisch, die Menge ist jedoch minimal und kann vor dem Anbraten aufgetupft werden.

fleischeslust (2)

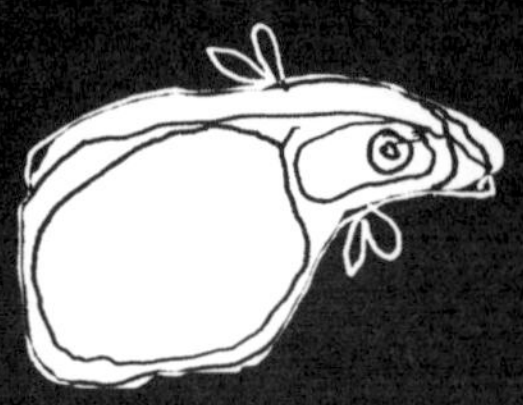

_ Lieber Leser, in Ihrem Mail haben Sie mich gefragt, wie Sie ein Entrecôte zubereiten müssen, damit es ebenso köstlich schmeckt wie in den Restaurants, was Sie in Ihrer Küche nie so hinbekämen. Diese Feststellung überraschte mich sehr, denn es gibt ebenso viele Zubereitungsarten, wie es Restaurants gibt – also sehr viele. Das grosse Geheimnis kann ich deshalb nicht lüften, aber ich kann Ihnen ein paar nützliche Hinweise für Ihre eigenen Kochversuche geben.

_ Zuerst muss ich Ihnen aber noch eine entzückende, kleine Geschichte dazu erzählen: Mein Lieblingskoch und hoch dekorierter Meister Michel Bras im winzigen Dorf Lagiole im Aubrac lernte bei seiner Mutter im Restaurant kochen. Diese war keine gelernte Köchin, und deshalb mussten die beiden oft zuerst im Kochbuch nachschlagen, wenn sie etwas Neues ausprobieren wollten. So kam eines Tages ein Gast in ihr Restaurant, der bestellte ein «Entrecôte bleu». Wir beide wissen, das ist ein Entrecôte, das noch roh nur kurz angebraten wird. Aber Michel und seine Mutter hatten noch nie davon gehört, und deshalb schlugen sie in ihrem Kochbuch nach. Dort fanden sie aber nur die «Truite bleu», also die berühmte Forelle blau, und die kocht man bekanntlich in einem leichten Essigsud. Und so bereiteten die beiden dann auch dieses Entrecôte im Essigsud zu. Besagter Gast war zwar ziemlich verblüfft, aber es schmeckte ihm vorzüglich. Heute ist Michel Bras ein Weltstar ohne je in einer anderen Küche gearbeitet zu haben. Doch zurück zu Ihrem Entrecôte, das Sie wohl kaum im Essigsud zubereiten möchten.

_Wie ich erwähnt habe, sollten Sie das Fleisch nicht direkt aus dem Kühlschrank in die Pfanne legen, sondern zuerst auf Küchentemperatur erwärmen. Dies vereinfacht, verkürzt und verbessert die Zubereitung. Sie besteht aus zwei Phasen, wobei es egal ist, welche zuerst kommt: Das Entrecôte muss zuerst an seiner äussersten Schicht auf über 120 Grad erhitzt werden, damit die so genannte Maillard-Reaktion stattfindet. Dabei geht das Eiweiss des Fleisches mit bestimmten Zuckern neue Verbindungen ein, welche die appetitliche Brauntönung und die geliebten Röstaromen bewirken. Die Maillard-Reaktion hat nichts mit einem Verbrennungsprozess zu tun, sie findet beispielsweise auch bei der Lagerung von

Champagner statt. Durch Zugabe von Zucker oder Eiweiss in Form von Butter oder Sojasauce wird die Maillard-Reaktion beschleunigt und gefördert, und das Entrecôte bekommt mehr Geschmack. Die Kunst besteht darin, genau die Temperatur zu finden, bei der das Fleisch anröstet, aber nicht verbrennt. Das beginnt bereits bei 120 Grad an der Fleischoberfläche. In einer zweiten Phase muss das Entrecôte auf die richtige Innentemperatur gebracht werden, je nach gewünschtem Garpunkt sind das etwa 40 Grad für die Garstufe «bleu» bis 60 Grad für «bien cuit». Wie man das macht, spielt keine grosse Rolle: Der grosse Max Kehl soll beispielsweise das kalte Rindsfilet zuerst in den Mikrowellenofen geschoben haben, um die gewünschte Innentemperatur zu bekommen. Sie können es aber auch luftdicht verpackt in ein Wasserbad von 60 Grad legen. Zum Abschluss röstet man es dann kurz in Fett, am besten in Butter, an. Traditionellerweise brät man ein Entrecôte zuerst an und reduziert anschliessend die Hitze oder schiebt es bei etwa 120 Grad in den Ofen. Diese Reihenfolge ist weder besser noch schlechter, wichtig ist nur: Eine möglichst kurze, heisse Phase zum Anbraten, eine langsame, schonende Phase zum Garen.

_Ich schreibe es hier nochmals: Mit dem Anbraten schliesst man keine Poren. Muskelfleisch hat keine Poren, sondern besteht aus Fasern, und es ist mehrfach experimentell bewiesen, dass scharfes Anbraten weder irgendwelche Poren schliesst, noch das Austreten von Fleischsaft verhindert. In Tat und Wahrheit verliert jedes Fleischstück beim Erhitzen über 90 Grad etwas Saft. Je dünner geschnitten und grösser die Oberfläche, desto mehr Wasser kann austreten. Und dieses Wasser verhindert den Röstprozess. Deshalb müssen dünne Stücke extrem schnell und mit viel Fett erhitzt werden, damit das Fleisch anröstet, bevor der Saft austreten kann. Jetzt sehen Sie auch, warum das Entrecôte eine Dicke von mindestens 3 Zentimetern braucht: Ein dünnes Stück ist grau, bevor es richtig angebraten ist. Wenn Sie Ihr Entrecôte, wie beschrieben, schön langsam und sorgfältig zubereitet haben, können sie es jetzt nach Belieben würzen und servieren. Falls Sie aber aus irgendwelchen Gründen mit viel Hitze und schnell gearbeitet haben, müssen Sie es unbedingt noch mindestens zehn Minuten an der Wärme abstehen lassen, damit sich der Fleischsaft im Innern schön gleichmässig verteilen kann. Sonst ist Ihr Entrecôte aussen trocken und innen gummig. Ich bin gespannt, ob's das nächste Mal besser klappt!

haxen

_ Die Haxe ist mein bevorzugtes Fleischstück. Erstaunlicherweise kennen viele Leute nur den Ossobuco, die geschnittene Kalbshaxe – dabei hat jedes Vieh vier Haxen. Im Sommer können wir in unserem Restaurant sogar mit Rehhaxen arbeiten, weil mein Metzgerfreund Markus Würmli sich die Mühe nimmt, die schlanken Fesseln des scheuen Wilds für uns auszubeinen. Ich verstehe nicht, warum ausgerechnet der Ossobuco so populär ist, denn es gibt weitaus bessere Zubereitungsarten. Grundsätzlich wird die Kalbshaxe, wie alle Fleischstücke, saftiger und zarter, wenn man sie am Stück und nicht portioniert zubereitet. Damit, und mit den Haxen anderer Tiere, wollen wir uns hier beschäftigen. Dabei geht es mir um verschiedene Grundzubereitungen, zusätzlich gibt es natürlich unzählige Möglichkeiten, diese Rezepte zu variieren und zu verfeinern.

_ Die einfachste Art: Eine schöne Kalbshaxe vom Hinterviertel (sie sind fleischiger als die vorderen) reicht je nach Hunger für zwei bis vier Personen. Das Fleisch nur kräftig würzen und in einer Gratinplatte für etwa 2,5 Stunden bei 170 Grad in den Ofen stellen. Garprobe: Der Knochen muss sich mit der Gabel herauslösen lassen.

_ Einfach und besonders zart: Die kräftig gewürzte Haxe in der Bratpfanne in wenig Butter und Öl bei mittlerer Hitze rundum sanft anbraten. Nach Belieben und Saison Rüebli, Sellerie, Zwiebeln, Lauch und andere Gemüse beifügen. Ein Glas Weisswein dazu giessen und zugedeckt bei 120 Grad für etwa 5–6 Stunden in den Ofen schieben (Garprobe siehe oben). Die Grillschlange einschalten und die fertige Haxe karamellisieren, indem man sie häufig dreht und mit der Schmorflüssigkeit übergiesst. Für die Fans der Niedertemperatur-Methode: Das gleiche Rezept funktioniert auch bei 65 Grad und einer Garzeit von 24 Stunden.

_ Leicht und besonders bekömmlich: Die Haxe aussen rundum von Fett und Sehnen befreien und kräftig würzen. Nach Belieben wieder Gemüse vorbereiten und alles zusammen mit Lorbeer, Nelken, Thymian und Rosmarin in einen Topf geben, mit Salzwasser knapp bedecken. Einmal aufkochen und dann die Hitze unter den Siedepunkt reduzieren. 2 1/2 Stunden simmern lassen. Garprobe machen und die Bouillon sorgfältig abschmecken. Nach Belieben mit frischen Kräutern aromatisieren.

_ Lammhäxli im Rotwein: Beim Lamm lohnt es sich, eine wirklich gute Qualität zu suchen, beispielsweise kleine Berglammhaxen von Fredy von Escher, dem «Artisan en Comestibles» in Zürich. Die Haxen kräftig würzen, ganz leicht mehlen und in Öl sanft anbraten. Knoblauchzehen in der Schale, kleine Zwiebelchen und nach Belieben kleinwürfeliges Gemüse mitrösten. Das Ganze in einen Schmortopf geben. Mit einem kräftigen Rotwein bedecken, Lorbeer, Nelken, frischen Thymian und Rosmarin beifügen und einmal aufkochen. Im Ofen bei 120 Grad etwa 2 1/2 Stunden weich schmoren. Garprobe (siehe oben) machen. Die Haxen und das Gemüse warm stellen, den Fond in ein Pfännchen giessen, aufkochen und sorgfältig abschmecken. Die Sauce nach Bedarf weiter einkochen und mit Maizena etwas binden. Die Haxen lassen sich problemlos in der Sauce aufwärmen.

_ Rindshaxe: Dieser mächtige Fleischbrocken erinnert ein wenig an die Wildsaukeulen von Obelix, schmeckt sehr gut, ist aber eher ein kulinarisches Kuriosum als eine raffinierte Delikatesse. Ich habe das Rezept nur einmal vor 25 Jahren im «Tages-Anzeiger» veröffentlicht, werde aber noch heute von Hobbyköchen darauf angesprochen, die das Rezept noch immer mit Begeisterung nachkochen. Die Rindshaxe müssen Sie beim Metzger vorbestellen, und vermutlich wird er Sie ungläubig angucken und Ihnen ein anderes Stück vorschlagen – aber bleiben Sie hartnäckig! Legen Sie die Haxe mit den gleichen Zutaten wie die Lammhaxen oben für 3–4 Tage in Rotwein ein. Vor dem Anbraten das Fleisch mit Küchenpapier trocknen, sehr kräftig salzen. In einem Schmortopf mit etwas Öl rundum sanft anbraten, das dauert seine Zeit. Zusammen mit der Marinade und den Garnituren einmal aufkochen. Zudecken und im Ofen bei etwa 140 Grad 4–6 Stunden weich schmoren, bis sich auch hier das Fleisch mit der Gabel vom Knochen lösen lässt. Es ist zwar spektakulär, wenn sie die ganze Rindshaxe am Knochen auftragen, jedoch nicht unbedingt praktisch. Einfacher geht es, wenn Sie die Haxe auskühlen lassen, vom Knochen lösen, in feine Scheiben schneiden, mit der Sauce übergiessen und so warm stellen. Für die Sauce giessen Sie den Fond durch ein Sieb in ein Pfännchen und kochen ihn auf. Sorgfältig abschmecken. Das Mark aus dem Knochen kratzen, in die Sauce mixen und etwas einkochen. 1 dl Sauce pro Person ist mehr als genug. Vermutlich müssen Sie die Sauce mit Maizena noch etwas nachbinden. Viel Spass!

niedertemperatur

_Ab und zu habe ich mich schon über das so genannte Niedertemperatur-Garen (abgekürzt NT) mokiert. Modewellen reizen immer meine Spottlust, und besonders wenn sie so hässlich benamst sind. Tatsächlich ist das Garen unter 100 Grad aber oft sinnvoll und vor allem eine uralte Geschichte, denken wir nur an die Forelle blau oder das beliebte Karamellköpfli. Diese Kolumne ist also allen Fans des Niedertemperatur-Garens und allen Herstellern von NT-Öfen gewidmet, die sich immer wieder über meine Sprüche geärgert haben. Heute gehe ich das Thema ganz seriös an. Wir kennen das Garen bei tiefen Temperaturen schon seit Jahrhunderten unter dem Namen Pochieren oder Dünsten. Ein Karamellköpfli stellt man dazu in einem Wasserbad in den Ofen. Das Wasser dient als Temperaturpuffer: Wenn der Ofen über 100 Grad heiss ist, verdunstet einfach das Wasser ohne sich noch stärker zu erhitzen. Das Gleiche gilt für die Forelle blau: Solange das Wasser nicht siedet, wissen wir genau, dass die Forelle nicht heisser als 90 Grad bekommt. Der gleichen Kochlogik entspricht eine gedünstete Seezunge: Sie liegt geschützt auf einem Bett von Gemüse und gart im verdunstenden Saft, der die gut 90 Grad nie übersteigt. Erst seit relativ kurzer Zeit sind die Backofenbauer fähig, auch im Temperaturbereich unter 100 Grad die Hitze genau zu regulieren. Damit entfällt erstens die Notwendigkeit eines Wasserbades, und zweitens kann man auch in trockener Luft unter 100 Grad sehr präzise garen. Unter 80 Grad sind die chemischen Prozesse, die im Innern von Fleisch ablaufen, sehr anders als bei Temperaturen über 120 Grad. Verkürzt gesagt macht das Fleisch eine so genannte Nachreifung durch und wird dadurch zarter. Es verliert auch weniger Wasser und bleibt damit saftig. Allerdings entwickelt es dabei viel weniger Aroma als bei der natürlichen Kaltreifung im Kühlraum des Metzgers. Bei gut gelagertem Fleisch, insbesondere bei Wild und Geflügel, kann es beim NT-Garen zu einer Überreifung kommen: Das Fleisch wird säuerlich und mehlig – kurz: ungeniessbar –, ich habe diesen Vorgang auch schon etwas salopp als «Verwesung» bezeichnet. NT-Fleisch ist noch aus einem weiteren Grund relativ geschmacklos: Die so beliebten Röstaromen entwickeln sich erst ab einer Temperatur von 120 Grad, bei 80 Grad geht da gar nichts. NT-Verfechter argumentieren, man könne das Fleisch ja vorher oder nachher anbraten. Das stimmt im Prinzip schon, bloss sind die Röstaromen so nur an der Oberfläche, während sie bei höheren Temperaturen ins Innere des Fleisches dringen. Kommt dazu, dass der wichtigste Aromaträger, die mikroskopisch feinen Fettäderchen, bei tiefen Temperaturen kaum schmelzen und damit auch nicht ihre Wirkung entfalten können. Kurz gesagt, mit der NT-Methode wird das Fleisch meist zart und saftig, es kann dabei kaum etwas schief gehen, und man kann dank kürzerer Reifung und geringerem Garverlust viel Geld sparen. Nach meiner Meinung gehen diese Vorteile aber oft auf Kosten des Geschmacks. Bei Fleisch mit Bindegewebe, wie einem saftigen Rindsschmorbraten oder einer Kalbshaxe, funktioniert die NT-Methode ohnehin nicht richtig. Deshalb arbeiten Köche, bei denen der Geschmack im Vordergrund steht, nach wie vor meist mit höheren Temperaturen. Allerdings auch nicht mehr mit der Hitze wie zu meiner Lehrzeit, als man den Ofen auf 180 bis 220 Grad einfeuerte. Diese Temperaturen sind nur für kleinere Stücke mit kurzer Garzeit nötig. Meist genügen 95 bis 150 Grad – je nach Gericht. Wie oft beim Kochen gibt es auch beim Thema Niedertemperatur-Garen also kein Richtig und Falsch, sondern nur ein Abwägen von Vor- und Nachteilen. Das folgende Rezept ist ein Beispiel für dieses Mitteltemperatur-Garen, das wir in unserem Restaurant bei vielen Gerichten bevorzugen.

(optimal ist die Niedertemperatur-Methode für die Fischzubereitung)

seeteufel im zitronenöl 70 °C

_600 g Seeteufel am Stück rund herum in Butter anbraten und dann kräftig salzen. In ein möglichst enges, feuerfestes Geschirr legen. Aluschalen eigenen sich dazu besonders gut. Ebenfalls geeignet sind sogenannte Backbeutel. Den Fisch mit Olivenöl vollständig bedecken. (Jetzt sehen Sie, warum das Geschirr eng sein muss, andernfalls würden Sie viel zuviel Öl brauchen) Die abgeriebene Schale von 2 Zitronen und eine fein gehackte Knoblauchzehe dazu geben. Das Öl in der Schale auf 70° erhitzen und dabei leicht rühren, damit es gleichmässig warm wird. Falls man einen guten Backofen hat, kann man ihn auf 80° vorheizen und den Fisch jetzt im warmen Öl hineinstellen. Sonst muss man das Öl auf dem Herd möglichst konstant bei 70° halten, was eine ständige Überwachung erfordert.

_Nach etwa 15–20 Minuten ist der Fisch gar. Wir prüfen das, indem wir ihn an der dicksten Stelle aufschneiden: Er muss durchgehend weiss, aber in der Mitte noch leicht glasig sein.

_Weil wir den Fisch schonend pochiert haben, können wir ihn problemlos 30 Minuten im Öl warm halten. In der Zwischenzeit können wir das Gemüse zubereiten, beispielsweise frischen Spinat, Kefen oder grüne Spargeln. Wir putzen das Gemüse, schneiden es in mundgerechte Stücke und geben es roh in eine Bratpfanne. Dann geben wir etwas vom Fischöl, eine sehr fein gehackte Schalotte und etwas Salz dazu und dünsten es knapp weich. Den Fisch schneiden wir in Tranchen, legen ihn auf das Gemüse und beträufeln ihn mit Zitronensaft.

heiss, kalt

_In der Kolumne «würzen (1)» habe ich über paradox gewürzte Speisen geschrieben, Salziges mit Vanille oder Süsses mit Pfeffer beispielsweise. Ähnlich lässt sich auch mit den Temperaturen der Speisen spielen. Ich erinnere mich noch gut, als bei uns die Mode aufkam (aus Amerika, woher denn sonst), Vanilleglace mit heissen Beeren zu servieren. Der Trick war einfach, verblüffend und unheimlich erfolgreich (amerikanisch eben). Die Meinung der Feinschmecker war gespalten: Die einen rühmten das intensivere Aroma der heissen Beeren, die anderen betrachteten es als kulinarische Sünde, die vollkommenen kleinen Früchte mit mehr als ein wenig Zucker und flüssigem Rahm zu verfremden. Ich erinnere mich weiter an die Verblüffung meiner Gäste, als ich zum ersten Mal eine kalte Suppe servierte, es war eine kalte Gurkensuppe aus Gurken, Kalbsfond, Jogurt, Weissbrot und Pfefferminze. In Zürich waren bis anhin nur die altväterlichen Bouillons und Crèmesuppen bekannt gewesen, die so heiss wie möglich auf den Tisch kommen mussten. Die kalte Suppenidee stammte selbstverständlich nicht von mir, sondern von meinem Lehrmeister Heinz Witschi, der Anfang der Achtzigerjahre das erste Restaurant mit Nouvelle Cuisine in Zürich eröffnete. Er besass das Originalrezept der Gazpacho andaluz aus dem Hotel Ritz in Madrid, und die kalte Gurkensuppe war eine Variation davon.

_Die nächste Suppenüberraschung erlebte ich vor ein paar Jahren bei Ferran Adrià, dem grossen Dekonstruktivisten der Küche. Sein Restaurant El Bulli steht in Las Roses bei Barcelona. Serviert wurde ein Glas mit einer schaumigen Flüssigkeit, und der Kellner befahl uns verdutzten Gästen, das Glas in einem Zug zu leeren. Der Grund wurde schnell klar: Nach einem ersten Schluck warmen Eischaums folgte ein zweiter, eiskalter Schluck Gin Fizz. Inzwischen ist diese Idee in allen Trendlokalen der Welt angekommen, und der Überraschungseffekt verpufft. Ferran Adrià ist ohnehin bereits einen Schritt weiter, er serviert jetzt ein heisses Glace. Doch so neu ist dieses Spiel mit den Temperaturen nicht. Anfang des letzten Jahrhunderts stand die Omelette surprise auf der Dessertkarte vieler renommierter Hotels und Restaurants. Diese berühmte (h)eis(s)kalte Süssspeise aus Biskuit, Glace und mariniertem Fruchtsalat wird mit einer Eimasse im Ofen überbacken.

_Im Grunde genommen lässt sich bei jedem Gericht die Frage stellen: Warum serviere ich es warm oder kalt? Schmeckt es auch, wenn ich das mal umdrehe? Einige Gerichte schmecken am besten weder kalt noch warm, sondern lauwarm, denn bei dieser Zwischentemperatur kommen die Aromen am intensivsten zur Geltung. Beginnen wir also das Spiel der Temperaturen, das Sie in Ihrer Küche beliebig weiterführen können. Nicht mit dem nahe liegenden Siedfleisch, das man bekanntlich auch als Salat zubereiten kann, sondern mit Pasta. Kalte Nudeln mit rohem Salm und Sauerrahm: Ganz feine Nudeln kochen und kalt abspülen. Eine Tranche rohen Salm (Lachs) in hauchdünne Streifen schneiden und mit Sauerrahm, Saft und abgeriebener Schale einer halben Zitrone, Salz, Pfeffer, einem Spritzer Sherryessig und viel gehacktem Schnittlauch mischen. Sorgfältig mit den Nudeln vermengen und bis zum Servieren in den Kühlschrank stellen. Ein zweites Beispiel, gebratenes Beefsteak tatar: fein gehacktes Rindsfilet mit einem Eigelb, gehackten Schalotten, Pfeffer, Salz, gehacktem Majoran und je einem Schuss Tabasco und Maggiwürze abschmecken. Kleine Beefsteaks formen und in den Kühlschrank stellen. Vor dem Servieren in einer Pfanne viel Butter aufschäumen lassen und die Beefsteaks auf beiden Seiten zehn Sekunden anbraten und sofort servieren.

roher thunfisch auf lauwarmem kartoffelsalat

_ 8 Scheiben Thunfisch, 2 mm dick, mit Olivenöl, Salz, Pfeffer, Saft und abgeriebener Schale von 1/2 Zitrone würzen und in den Kühlschrank stellen. 300 g gekochte, neue Kartoffeln und 200 g geschälte Gurken in 2 mm dicke Scheiben schneiden. Mit Sauerrahm, Salz, Pfeffer, etwas Sherryessig, viel gehacktem Kerbel und Dill vermischen. Den Kartoffel-Gurken-Salat in einer Pfanne wärmen und auf vier heissen Tellern anrichten. Je 2 Thunfischscheiben darüber legen und servieren.

füllungen

_Es geht hier nicht um Zahnärzte, sondern um Ravioli. Ursprünglich wollte ich nicht über gefüllte Teigwaren schreiben, denn schon der Aufwand für frische Nudeln ist für den Hausgebrauch an der Schmerzgrenze. Frische Ravioli haben mit Zahnärzten neben der Füllung gemeinsam, dass ihre Herstellung diese Schmerzgrenze in meinen Augen überschreitet. Nun habe ich aber mit grosser Freude festgestellt, dass es immer noch viele Frauen und Männer gibt, die nicht nur im Sport, sondern auch in der Küche an ihre Schmerzgrenze gehen möchten. Wunderbar – die berühmten Mamas, die ihre Raviolis selber machen, sind offenbar noch keineswegs ausgestorben, im Gegenteil, da sind offenbar die Papas noch dazu gekommen. Sonst hätte ich auf meine Pastakolumne kaum so viele Anfragen für Raviolifüllungen bekommen. Daneben gab es auch generelle Fragen zur Zubereitung von Ravioli, Tortellini, Tortelloni usw., doch diese Kunst ist zu aufwändig, als dass ich sie in diesen wenigen Zeilen sorgfältig abhandeln könnte. Eine grosse Zahl exzellenter Kochbücher zu diesem Thema kann das ohnehin besser. Den monatelangen Bestseller «Genial italienisch» von Jamie Oliver würde ich allerdings nicht unbedingt dazu zählen. Hingegen gehört «Klassische Pastaküche» von Giuliano Hazan, dem Sohn der legendären Marcella Hazan, definitiv dazu.

_Hier wende ich mich also an alle Leser, die im Prinzip wissen, wie man gefüllte Teigwaren zubereitet, aber Tipps für besondere Füllungen wünschen. Für einmal fällt mir die Auswahl ausserordentlich schwer, weil man aus nahezu jedem Nahrungsmittel eine Teigwarenfüllung zubereiten kann: Fleisch, Fisch, Geflügel, Gemüse, Pilze, Milchprodukte, alles passt. Und diese können ja nicht nur für Raviolis verwendet werden. Klar sind die Italiener nach wie vor die Teigwarenweltmeister, aber gerechterweise muss doch erwähnt werden, dass es auch in vielen anderen Esskulturen der Welt köstliche, gefüllte Teigwaren gibt: Polnische Piroggen, russische Pelmeni, schwäbische Maultaschen, chinesische Wontons oder libanesische Fatayer. Allen ist gemeinsam, dass eine zarte Hülle eine weiche Füllung umschliesst.

_Die spektakulärste Raviolifüllung habe ich, ich getraue mich kaum schon wieder seinen Namen zu schreiben, bei Ferran Adrià gegessen. Das war eine lauwarme Joghurtsauce. Wenn man in das Raviolo biss, explodierte es und die Joghurtsauce spritzte in den Mund. Die grosse Frage ist jetzt natürlich: Wie bringt man ein flüssiges Joghurt in ein Raviolo hinein. Im Gegensatz zu vielen Köchen, die um ihre Küche ein Geheimnis machen, gibt's bei Adrià keine Geheimnisse. Er hat das Vorgehen exakt beschrieben und sogar Skizzen dazu gezeichnet. Nur ist das Ganze so kompliziert und diffizil, dass ich bis jetzt noch keinen Koch kennen gelernt habe, der das nachgekocht hat. Kehren wir also zurück zu Teigwarenfüllungen für uns Normalsterbliche. Und hier stehen bei den Leseranfragen die Zitronen- und die Kürbisfüllung mit Abstand an der Spitze. Kalbfleischravioli sind offenbar aus der Mode, mir sind es immer noch die liebsten.

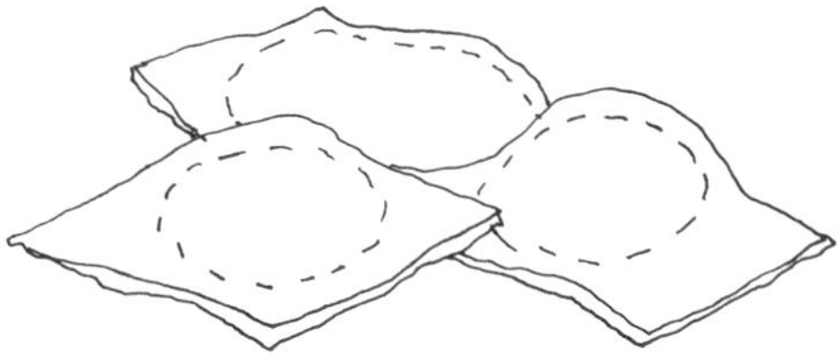

zitronenfüllung

_ Zutaten: 250 g möglichst trockener Ricotta, 120 g rindenloses Weissbrot, in Milch eingeweicht und gut ausgepresst, 2 Eigelb, 1 Bund Basilikum, 10 g frisch geriebener Parmesan, Saft und fein geriebene Schale von 1–2 Zitronen, je nach Grösse und persönlichem Gusto, wenig Salz und Pfeffer. Alle Zutaten mischen und die Masse mit dem Messer fein hacken.

(für die Kürbisravioli habe ich eine süssliche und eine herbe Variante; kann mich nicht für eine der beiden entscheiden)

süssliche kürbisfüllung

_ Zutaten: 500 g reifes Kürbisfleisch in Würfeln, eine Prise Zucker, 1–3 zerbröselte Amaretti, 80 g Parmesan, 1 Eigelb, Salz, Pfeffer. Das Kürbisfleisch leicht salzen und ganz leicht zuckern. Bei 120° sehr lange im Ofen schmoren, bis die Gemüsewürfel zerfallen und leicht gebräunt sind. Etwas auskühlen lassen und mit den restlichen Zutaten vermischen.

herbe kürbisfüllung

_ Zutaten: 500 g Kürbisfleisch in Würfel, 2 EL Olivenöl, 1 Zweig Thymian, 1 gehackte Knoblauchzehe, Saft und abgeriebene Schale von 1/2 Zitrone, 120 g Parmesan, 1 EL gehackte Petersilie. Die Kürbiswürfel mit dem Olivenöl, dem Thymian und dem Knoblauch ebenfalls im Ofen weichschmoren. Auskühlen lassen und mit den restlichen Zutaten vermischen.

coq au vin

_In der Reblaube ist kürzlich eine etwa 35 Jahre alte Speisekarte von Hermann aufgetaucht, dem letzten der Familie Kaiser, welche über drei Generationen unserem Restaurant den Namen gegeben hat. Auf dieser Karte habe ich Coq au Vin entdeckt und beschlossen, mich wieder einmal mit diesem wunderbaren Gericht aus der bürgerlichen Küche Frankreichs zu beschäftigen. Der Name besteht aus zwei irritierenden Teilen: Erstens heisst «coq» «Hahn», aber Hähne gibt es kaum mehr zu kaufen, und deshalb darf ein Coq au Vin in Frankreich offiziell auch aus einem «coquelet», einem Poulet, einer Poularde oder einem Kapaun zubereitet werden. Dies passiert auch in den besten Restaurants des Burgunds, der Heimat dieses Vogels. Zweitens heisst «vin» bekanntlich einfach «Wein», aber ein Coq au Vin wird immer in Rotwein gekocht, am besten in einer Flasche Burgunder. Im Elsass gibt es dagegen den «Coq au Riesling» und im Jura den «Coq au Vin jaune».

_Wie bei vielen traditionellen Gerichten existiert kein genaues Rezept für den Coq au Vin. Viele Restaurants und Burgunder-Hausfrauen haben ihr Familienrezept, auf das sie schwören. Meiner Meinung nach braucht es für einen Coq au Vin ein schönes grosses Freiland-Poulet von 1,8 bis 2 kg Körpergewicht. Natürlich kriegt man auch mit Pouletbrüstli oder Pouletflügeli etwas Nettes hin. Aber die Intensität des Aromas eines grossen Poulets ist mit nichts vergleichbar. Nützlich wäre es, wenn Leber, Herz und Hals wie früher in einem Säcklein mitgeliefert würden, aber das ist inzwischen eher selten der Fall.

_Zuerst wird der ganze Vogel in 8 bis 10 Stücke zerteilt. Das Knochengerippe, die so genannte Karkasse, kocht man während 30 Minuten in Wasser aus und fügt den Fond später zur Marinade. Jetzt kommt das erste Problem: Wenn wir alle Pouletstücke zusammen marinieren und weich schmoren, werden die Schenkel zwar schön saftig und zart, aber die Bruststücke fürchterlich trocken, weil ihr Fleisch sehr feinfaserig und mager ist. Deshalb haben wir die Zubereitung aufgeteilt: Die Schenkel marinieren und schmoren wir auf klassische Art, während wir die Bruststücke unmariniert ganz am Schluss separat braten. Das entspricht zwar nicht mehr ganz dem klassischen Coq au Vin, dafür sind alle Teile saftig. Für die Marinade benötigen wir eine Flasche Rotwein, ein paar Perlzwiebelchen, zwei gehackte Knoblauchzehen, einen Thymianzweig, Lorbeer, Nelke, ein gewürfeltes Rüebli und ein paar Selleriestücke. Nach 1 bis 2 Tagen werden die Geflügelteile aus der Marinade genommen, gut abgetrocknet, gesalzen und leicht mit Mehl bestreut. Anschliessend brät man sie in einem heissen Gusseisentopf mit recht viel Butter und einem Esslöffel Speckwürfel rundum an. Dies muss bei sanfter Hitze passieren, weil die Geflügelteile wegen der Marinade ansonsten sofort verbrennen würden. Dann giesst man Fett und Speck in ein Töpfchen und bewahrt sie für die Garnitur am Schluss auf. Dafür gibt man das Gemüse dazu und röstet es ebenfalls leicht an. Mit der Marinade löscht man das Ganze ab, kocht es kurz auf und fügt die Innereien bei, sofern man welche hat. Nun kommt der verschlossene Topf bei 120 Grad für etwa 2 Stunden in den Ofen.

_Damit ist die Grundzubereitung fertig, jetzt folgen die Verfeinerungen: Wir fischen die einzelnen Pouletteile aus dem Fond und stellen sie in einer Schüssel warm. Den Sud giessen wir durch ein Sieb in eine Kasserolle und kochen ihn auf dem Herd auf. Wenn wir die Pfanne seitlich etwas von der Herdplatte ziehen, sammelt sich das ganze Fett in einer Ecke an, und wir können es sehr einfach abschöpfen. Die Sauce kochen wir kräftig ein, verfeinern sie mit einem Spritzer Marc und wenig Zitronensaft und binden sie wenn nötig mit etwas Maizena nach. Wir sind fast fertig: In einer kleinen Bratpfanne rösten wir mit dem Speck kleine Champignons und Brotwürfelchen an und legen die gut gewürzten Bruststücke auf der Haut dazu. Im Ofen bei 120 Grad, wo auch schon die Schenkel warten, lassen wir die Brust gar ziehen. Zum Schluss giessen wir die kochend heisse Sauce durch ein Sieb über die Schenkelteile, legen die aufgeschnittenen Bruststücke dazu und geben die gerösteten Garnituren darüber. Etwa eine Viertelstunde lassen wir den Coq au Vin noch ruhen und sein köstliches Aroma verströmen, bevor wir ihn auftragen. Klassischerweise isst man dazu nur eine Baguette, aber natürlich passen auch Spätzli oder Kartoffelstock.

spätzli fürs schpätzli

_ Zutaten: 300g Mehl, 1 dl Milch, 0,5 dl Mineralwasser, 4 Eier, Pfeffer, ein Hauch Muskat. Alle Zutaten verrühren, bis der Teig Blasen wirft. 20 Minuten ruhen lassen. 5 L Salzwasser aufkochen. Den Teig durch ein Spätzlisieb ins siedende (nicht kochende) Wasser drücken und warten, bis sie oben aufschwimmen. Mit einem Schaumlöffel abschöpfen und gut abtropfen lassen. Mit frischer Butter mischen und sofort servieren.

retro

_Warum findet man eigentlich kaum mehr gefüllte Tomaten auf den Speisekarten der Restaurants? In meiner Kindheit war dieses Gericht aus der provenzalischen Küche ungeheuer populär. Die Provence und die Côte d'Azur waren damals neben Italien die ersten Traumdestinationen des Massentourismus. Das war Sonne und Meer, Süden und Savoir-vivre, Cannes und St-Tropez, Brigitte Bardot und Alain Delon. Aber auch die im Sonnenschein flirrende bäuerliche Provence des Marcel Pagnol. Das Warenhaus Globus war damals voll gestopft mit provenzalischer Keramik, und an jeder Ecke tauchten Bistros mit französischem Flair auf, ähnlich wie heute Thai-Shops und Sushi-Bars. Und überall gab es eben gefüllte Tomaten. Es war eines der ersten Gerichte, die ich als Kind selber gekocht habe, lange bevor ich mich für meinen Beruf entschied. Gefüllte Tomaten gibt es natürlich nicht nur in der Provence, sondern in den meisten Küchen des Mittelmeers: Auf dem Balkan, in Griechenland und Nordafrika findet man unzählige Rezepte, kalte und warme, vegetarische oder mit Fleisch. Ein paar, die mir besonders lieb sind, werde ich Ihnen im Folgenden gerne vorstellen. Dazu ist jetzt übrigens genau die richtige Jahreszeit: Die Erntezeit der grossen Fleischtomaten wie den Berner Rosen oder den Ochsenherzen. Ich beginne mit meinem Lieblingsrezept:

geschmorte tomaten mit kalbfleischfüllung

_Grosse Fleischtomaten waschen und den Strunk grosszügig herausschneiden. Saft und Kerne mit einem Löffel entfernen. Dabei die verschiedenen Kammern des Fruchtfleisches möglichst wenig beschädigen, da die der Tomate beim Schmoren die nötige Stabilität geben. Die Tomaten innen salzen, umdrehen und etwa 15 Minuten lang das Tomatenwasser auslaufen lassen. Die Füllung aus drei Viertel gehacktem Kalbfleisch, einem Viertel eingeweichtem Weissbrot, fein gehackten Zwiebeln, Thymian, Basilikum, etwas Zimt, Parmesan, Salz und Pfeffer sorgfältig mischen. Die Tomaten innen trocken tupfen und füllen. Mit der Füllung nach unten möglichst eng in eine Gratinplatte legen. Etwa 2 cm hoch mit Bouillon umgiessen. Der Druck der Flüssigkeit verhindert, dass die Tomaten beim Schmoren auseinander fallen und befeuchtet gleichzeitig die Füllung. Bei 120° für etwa 50 Minuten in den Ofen schieben. Herausnehmen und sorgfältig die Haut ablösen. Die Tomaten vorsichtig umdrehen, ohne dass sie dabei zerfallen. Mir persönlich schmeckt die Tomate besser, wenn die Füllung nicht angebraten ist. Sie können aber die Füllung mit etwas Parmesan bestreuen und unter der Grillschlange beliebig stark gratinieren.

geschmorte tomaten mit kräuterfüllung

_ Die Tomaten auf dieselbe Art wie im vorhergehenden Rezept vorbereiten. Für die Füllung folgende Zutaten mischen: 2 geschlagene Eier, 4 EL gehackte Petersilie, 6 gehackte Sardellenfilets, 3 KL gehackter Rosmarin, Saft und abgeriebene Schale von 1 Zitrone, 3 gehackte Knoblauchzehen, 3 EL gehackte Zwiebeln, 6 EL gehacktes Weissbrot, 2 EL geriebener Parmesan. Alles in etwas Olivenöl weich dünsten und salzen. Die Tomaten damit füllen und mit der Füllung nach oben in die Gratinplatte legen. Wie beim ersten Rezept weiterfahren.

_ Es versteht sich von selbst, dass ich bei diesen Rezepten nur die Mengenverhältnisse angeben kann, nicht aber die genaue Menge pro Tomate. Ebenso gerne mochte ich als Kind die rohen, gefüllten Tomaten. Meine Mutter machte jeweils eine Füllung mit russischem Salat aus der Konservenbüchse und frischer Mayonnaise. Das mag ich immer noch sehr gerne, aber dafür braucht es nun wirklich kein Rezept. Hier darum ein anderes:

rohe tomaten mit reisfüllung

_ Für dieses Gericht ziehe ich eher kleine, runde Salattomaten vor, die nicht allzu reif sind. Einmal mehr möchte ich in diesem Zusammenhang darauf hinweisen, dass die rote Farbe absolut nichts über die Qualität einer Tomate aussagt. Die Tomaten vollständig aushöhlen, innen kräftig salzen, umdrehen und das Tomatenwasser abtropfen lassen. Frisch gekochten Trockenreis noch lauwarm mit etwas Essig leicht säuern. Mit viel gehacktem Schnittlauch, gehackten, hart gekochten Eiern, frisch abgekochten Maiskörnern und reichlich Sauerrahm mischen. (Saurer Halbrahm macht das Ganze zu flüssig). Mit etwas Zitronenschale und -saft und nach Belieben mit weiteren frischen Kräutern abschmecken. Ebenfalls nach persönlichem Gusto noch Schinkelwürfelchen oder Rauchlachsstreifen dazugeben. In die trockenen Tomaten füllen und mindestens 30 Minuten stehen lassen.

weitere ideen für die füllung

_ Couscous, Pfefferminze, Olivenöl und Oliven
_ Thon aus der Büchse, Mayonnaise, Oliven, Zwiebeln, gekochte Kartoffeln
_ Blumenkohl gekocht, püriert und mit Doppelrahm vermischt
_ Eier und Schinken gehackt, Schnittlauch und Gurken

fotzelschnitten

_«Die Fotzelschnitte war zu meiner Bubenzeit, die in die Zweiteweltkriegszeit fiel, ein Standardnachtessen, das wir mit grösster Lust in uns hinein(fr)assen – litten wir doch alle unter Zuckermangel. Die Mutter sparte sich den Süssstoff vom Mund ab. Die Herstellung der Fotzelschnitten war keine Hexerei, wenn man alle dazu nötigen und während der Kriegsjahre rationierten Zutaten beisammen hatte. Oft war aber selbst die Beschaffung des Brotes nur mit List möglich, indem die Mutter Eier von unseren paar Hühnern im uneinsehbaren Hinterhof des Dorfbäckers gegen ein Brot eintauschte. Für die Fotzelschnitten verwertete die Mutter natürlich altbackenes Brot, weichte es in etwas Milch oder Milchwassergemisch ein, drückte einige Weinbeeren, so vorhanden, ins Brot, zog es dann durch die mit einer Prise Salz und etwas Milch aufgeschlagenen Eier und legte sie ins heisse Butter-Schmalz-Ölgemisch, bis sie schön goldgelb gebrutzelt waren. Dann überstreuten wir die unfertige Köstlichkeit mit der heiss geliebten Zimt-Zucker-Mischung. Äpfel, Zwetschgen und jede Art von Beeren gab es genug, also ass man dazu irgendwelche Früchtekompotte und trank heisse Milch. Alle Brotreste wurden bis auf die letzte Krume für weitere ‹Armeleutegerichte› wie Öpfelbroisi, Vogelheu, Brotauflauf, Brotsuppe verwertet. Heute genieren sich selbst Starköche nicht, diese alten Ladenhüter einer bäuerischen Küche auszugraben. Eigentlich gehört ihnen Dank dafür.»

_Ganz herzlichen Dank dem «Züritipp»-Leser für dieses kleine, warmherzige Stück Schweizer Essgeschichte. In meiner Kindheit nach dem Krieg waren die Fotzelschnitten immer noch ein Festessen, auch wenn es da genug Brot, Zucker und Eier für alle gab. Damals fehlte oft weniger das Geld als die Zeit der Mutter. Denn für einen achtköpfigen Haushalt brauchte es zum Nachtessen gut und gerne 40 Fotzelschnitten. Meine Mutter stand jeweils am Herd, während wir fortwährend wegfrassen, was sie in der Pfanne ausbackte. Ich bin ganz, ganz sicher, dass auch heute noch jede Gastgeberin einen Riesenerfolg erzielt, wenn sie ihren Gästen diese Köstlichkeit vorsetzt. Einerseits kommt bei mir auch Wehmut auf, wenn ich sehe, wie wir uns heute mit Anna's und Betty's Fertigkost eindecken und jedes Familienindividuum sich am Kühlschrank mit seinem eigenen Food eindeckt, weil man sich nicht auf eine gemeinsame Mahlzeit einigen kann. Andererseits grenzt es doch an Zynismus, wenn ich in Saus und Braus lebe und gleichzeitig mit nostalgischen Erinnerungen die harten, mageren Kriegsjahre glorifiziere. Deshalb hör ich jetzt sofort damit auf und ergänze lieber das schöne Rezept des Lesers mit ein paar weiteren Bemerkungen. Als Erstes zur Wahl des geeigneten Brotes, die früher einfacher war, weil es einfach nur Ruchbrot gab. Heute, in der riesigen Auswahl an Sonnenblumen-, Kürbiskern-, Sesam-, Kartoffel-, Wurzel- und Olivenbroten ist für mich nach wie vor das dunkle Pfünderli das beste Fotzelschnittenbrot. Eine Variante im Frühling: Da servieren wir in unserem Restaurant zum Dessert Fotzelschnitten aus Einback oder Brioche, zusammen mit einem warmen Erdbeer-Rhabarber-Kompott. Wenn man kein altbackenes Brot im Haus hat, nimmt man frisches und verzichtet dafür auf das Einweichen in der Milch. Man dreht die Scheiben direkt in den zerklopften Eiern und bäckt sie in einer Mischung aus 1/3 Öl und 2/3 Butter aus. Vor dem Servieren dick mit Zucker und Zimt panieren. Die Deutschen kennen übrigens ein ähnliches Gericht mit dem Namen «Armer Ritter». Der einzige Unterschied zur Fotzelschnitte besteht meines Wissen darin, dass die Brotschnitten in einem Teig aus Milch, Mehl und Eiern gewendet werden. Mindestens so beliebt wie die süsse Fotzelschnitte war bei uns Kindern die salzige Variante:

gebackene käseschnitte

_ Käsemasse: 40 g Mehl, 1 dl Milch, 2 Eier und 150 g rezenten Käse mit dem Mixer zu einer glatten Masse verrühren. Altbackene Brotscheiben mit Milch oder Weisswein beträufeln, anschliessend die eine Seite etwa 5 mm dick mit der Käsemasse bestreichen. Das Brot soll nicht zu dick, aber gleichmässig bedeckt sein. In der Bratpfanne in einer Mischung aus 1/3 Öl und 2/3 Butter beidseitig beinahe schwimmend backen. Auf einem Küchenpapier etwas entfetten und bis zum Essen bei etwa 70° warm stellen. Mit einer sehr grossen Schüssel frischem Salat servieren.

pastetli

_In der kleinen Serie zur Küche meiner Kindheit darf mein Lieblingsgeburtstagsessen nicht fehlen: Pastetli mit Brätchügeli und Erbsli aus der Büchse. Eines Geburtstages wollte es meine Mutter besonders gut machen und kaufte anstatt Brät geschnetzeltes Kalbfleisch. Welch eine Enttäuschung! Noch heute wird mir jedes Kind beipflichten, dass Brätchügeli unendlich viel besser sind als Kalbfleisch, auch wenn dieses dreimal teurer ist. Doch nicht nur wir Kinder liebten die Pastetli heiss. In jeder Dorf- und Quartierbeiz gehörten sie damals zu den beliebtesten Mittagsmenüs. Ich kann mir nicht erklären, warum man sie heute nur noch sehr selten auf den Speisekarten antrifft, vermutlich müsste ein Trendsetter in Zürich eine Pastetlibeiz eröffnen, und die wäre voll. Das Pastetli hat seine Vollendung in der Luzerner Chügelipastete gefunden, die man bereits seit 1750 kennt. Ihre Füllung besteht sowohl aus Kalbfleisch als auch Brät, ergänzt durch Champignons, Rosinen und Äpfel. Doch zuerst wird ein so genanntes Pastetenhaus geformt. Dafür wird ein ausgewallter Blätterteig um eine Halbkugel aus Seidenpapier gelegt, verziert und blind, das heisst ohne Füllung, gebacken. Die fertige Füllung wird erst kurz vor dem Servieren ins Pastetenhaus gefüllt. Eine ganz prächtige Angelegenheit, die aber für einen Privathaushalt etwas aufwändig wäre. Deshalb bleiben wir hier beim einfachen Pastetli, zu dem es auch Interessantes anzumerken gibt.

_Beginnen wir mit der Füllung: Wie gesagt verwendet man dafür Brätchügeli, geschnetzeltes Kalbfleisch oder, besonders raffiniert, Kalbsmilken. Weil wir ein Herz für Kinder haben, nehmen wir Brätchügeli. Die gibt es bereits fertig abgekocht zu kaufen, was jedoch niemals eine gute Pastetlifüllung gibt. Für diese benötigen wir frisches Kalbsbrät. Die Zubereitung läuft so: Sie füllen eine Pfanne etwa 4 cm hoch mit Wasser und geben einen kräftigen Spritzer Weisswein, ein Lorbeerblatt, eine Nelke, eine grob geschnittene Zwiebel und das nötige Salz dazu. Sobald dieser Sud kocht, drehen Sie die Hitze bis knapp unter den Siedepunkt zurück. Dann stechen Sie mit zwei möglichst kleinen Kaffeelöffeln Kügelchen vom Brät ab und lassen sie in den Sud gleiten – nicht mehr als locker nebeneinander in der Pfanne Platz haben. Nach etwa 5–10 Minuten sind sie gar, und man kann mit der nächsten Ladung beginnen, bis alle Brätchügeli fertig in einer Platte liegen. Der Sud hat inzwischen einen kräftigen Geschmack angenommen, und Sie können ihn durch ein Sieb in eine zweite Pfanne passieren, mit recht viel Rahm verfeinern, mit Maizena etwas abbinden und mit Salz, Pfeffer und frischem Weisswein abschmecken. Nach Belieben geben Sie

noch Champignons oder frische Kräuter dazu. Jetzt lassen Sie die Brätchügeli bis zum Essen in der fertigen Sauce ziehen. Das darf auch mehrere Stunden dauern.

_Die Pastetli kann man beim Bäcker fertig kaufen oder aus Blätterteig selber herstellen. Damit sich das lohnt, benötigt man einen erstklassigen Butterblätterteig, beispielsweise von Honold am Rennweg oder von Baumann an der Balgriststrasse. (Einen Blätterteig selber herzustellen ist viel zu aufwändig.) Da Butter bei Zimmertemperatur weich wird, muss man einen Butterblätterteig eiskalt auswallen, am besten auf einer kühlen Steinplatte. Den etwa 5 mm dick ausgewallten Teig legt man für 20 Minuten wieder in den Kühlschrank, damit er sich jetzt und nicht beim Backen zusammenziehen kann. Anschliessend sticht man mit einem runden Ausstecher Scheiben in der gewünschten Grösse aus. In einem zweiten Schritt sticht man mit einem kleineren Ring Rondellen aus. Dadurch entstehen einerseits Teigringe für die Pastetliwand und andererseits die Deckel. Die Teigreste knetet man wieder zusammen, wallt sie nochmals aus und sticht daraus die Pastetliböden aus. Durch das Kneten gehen diese beim Backen viel weniger auf, aber das spielt für die Böden ja keine Rolle. Mit etwas Eiweiss oder Eigelb klebt man die Teigringe auf die dünnen Böden. Wenn man besonders hohe Pastetchen bekommen will, kann man gleich zwei Teigringe aufeinander kleben. Zum Backen gibt man die Pastetchen bei 120 Grad in den vorgeheizten Ofen und schiebt etwa 5 cm über den Pastetli ein Gitter ein, welches verhindert, dass sie bei Aufgehen umfallen. Anschliessend stellt man den Ofen auf 200 Grad, nach zehn bis fünfzehn Minuten sollten die Pastetli fertig sein.

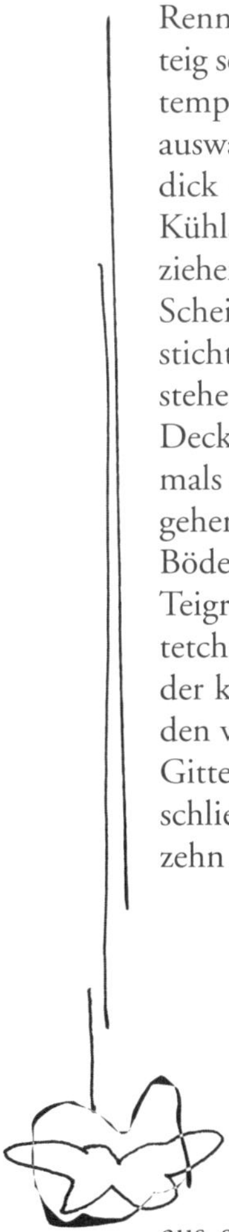

_Noch eine Warnung für Feinschmecker, die den Blätterteig aus seiner Heimat Frankreich kennen: Man wird auch mit dem besten Schweizer Blätterteig niemals das gleiche Ergebnis erzielen. Die Franzosen verwenden ein Mehl mit einem höheren Kleberanteil, das es in der Schweiz meines Wissens nicht gibt. Unser französischer Butterblätterteig geht jedenfalls auf wie eine Rakete, doppelt so hoch wie jeder Schweizer, den ich kenne.

riz casimir

_ Langsam dämmert es mir. Mit meiner kleinen Retro-Serie habe ich offenbar etwas Unanständiges angefangen, oder mindestens etwas kulinarisch Unkorrektes: Wie kann man nur als gestandener Küchenchef über so uncoole Gerichte wie Fotzelschnitten, Erbsli aus der Büchse, Pastetli oder Brätchügeli schreiben? Ursprünglich wollte ich nur ein bisschen in meiner Kindheit schwelgen – aber auf wenige Kolumnen bin ich so oft angesprochen worden, wie auf die Retro-Kolumnen; von Lesern, die teils befremdet, teils erfreut waren. Viele haben mir dazu ihre eigenen Geschichten erzählt, was mir einmal mehr bestätigt, dass das persönliche Erlebnis beim Essen wichtiger ist als Kulinarik und Kochkunst. Und das Uncoole ist eben oft auch saugut! Das Coole dagegen oftmals so anstrengend! So fahre ich also munter weiter mit einem weiteren Lieblingsgericht aus meiner Kindheit, dem Riz Casimir.

_ Ich mag mich gut erinnern: In den 60er-Jahren war es einfach plötzlich da. Jedermann liebte es, jede Familie kochte es, aber niemand wusste, woher es genau kam. Und so ist es wohl bis heute geblieben. Eines war mir allerdings immer völlig klar: Trotz seines geheimnisvollen Namens kann es kein orientalisches Gericht sein, denn im Orient gibt es keinen Rahm. Auf meiner Suche nach mehr Informationen habe ich nichts Abschliessendes, aber viel Interessantes erfahren. In meinen massgeblichen Standardbüchern der Kochkunst habe ich, wie vermutet, nichts dazu gefunden. Als Nächstes habe ich, wie immer bei grossen Kochproblemen, im Kochbuch von Elisabeth Fülscher nachgesehen, und zwar, sehr wichtig, in der 8. Auflage von 1966. (Erstmals erschien das Buch 1923.) Da gibt es ein Risotto Casimir und einen Riz Colonial. Weiter gibt es Nouilles Casimir mit breiten, «weich gekochten» Nudeln. Damit ist die kulinarische Verwirrung aber eher grösser geworden, insbesondere was die Kombination von Risotto und geschnetzeltem Kalbfleisch an Currysauce und die «weich gekochten Nudeln» betrifft. In dieser Situation stürzt sich der moderne, ratlose Mensch ins Internet. Natürlich findet man da auf Hunderten von Kochseiten Rezepte für Riz Casimir, aber diese kenne ich ja schon, die interessierten mich nicht. Unter dem Stichwort «Riz Casimir» fand ich hingegen auch zwei Homepages, die eine von einer Bezirksschulklasse und die andere von angehenden Eiskunstlaufprinzessinnen. Auf beiden Homepages war Riz Casimir neben Pizza und Pastetli das Lieblingsessen der Kids! Das hat mich zwar ungemein gefreut und aufgemuntert, half mir aber nicht wirklich weiter. Bis ich dann auf einen Wikipedia-Beitrag zum Thema Riz Casimir stiess. Laut diesem Text ist Riz Casimir eine Schweizer Erfindung, möglicherweise von Mövenpick. Jedenfalls wurde das Riz Casimir von Mövenpick verbreitet und gelangte so auch in Deutschland zu grossem Ruhm. Das scheint mir durchaus plausibel, denn Ueli Prager, der Erfinder von Mövenpick, war nicht nur ein weltoffener und äusserst kreativer Gastronom, sondern auch ein brillanter Marketingstratege. Somit stammte also Riz Casimir aus der Schweiz zur Zeit unserer Grossmütter, wäre also echte «Schweizer Küche nach Grossmutterart»! So viel Swissness unter diesem exotischen Namen – wer hätte das gedacht! Hier das Rezept nach Elisabeth Fülscher von 1966, angepasst an meine Vorstellungen. (Anstatt Kalbfleisch kann man auch Brätchügeli nehmen.)

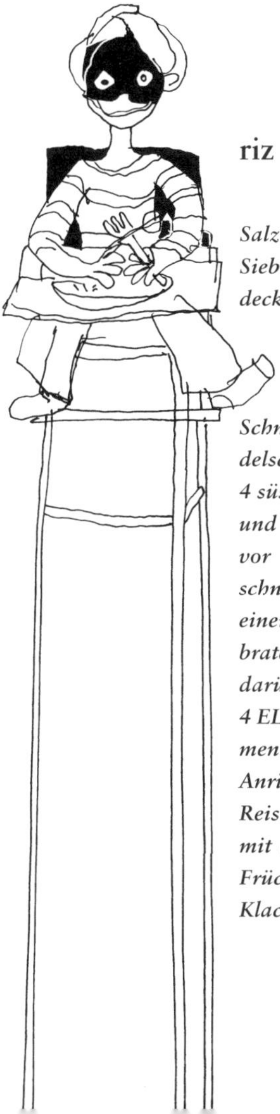

riz casimir

_ 300 g Langkornreis in etwa 2,5 L Salzwasser 16–18 Minuten kochen, in ein Sieb giessen, gut abtropfen lassen und zugedeckt warm stellen. 2–3 Bananen in 1 cm dicke Scheiben schneiden und in Butter anbraten. 4 Ananasscheiben aus der Büchse gut abtropfen lassen, in kleine Schnitze schneiden und beifügen. 30 g Mandelscheiben rösten und ebenfalls beifügen. 4 süsse rote Pimientos aus dem Glas hacken und beifügen. Das Fleisch erst unmittelbar vor dem Essen zubereiten: 600 g grob geschnittenes Kalbsfilet oder Kalbsbäggli mit einer fein gehackten Zwiebel in Öl heiss anbraten. 1 EL Mehl und 3–4 KL Currypulver darüber stäuben. Mit 1 dl Weisswein und 4 EL Rahm ablöschen. Sofort vom Herd nehmen und weiterrühren, salzen und pfeffern. Anrichten: Auf einer heissen Platte mit dem Reis einen grossen Ring formen. Das Fleisch mit der Sauce in die Mitte geben. Mit den Früchten, den Mandeln und einem grossen Klacks Schlagrahm garnieren.

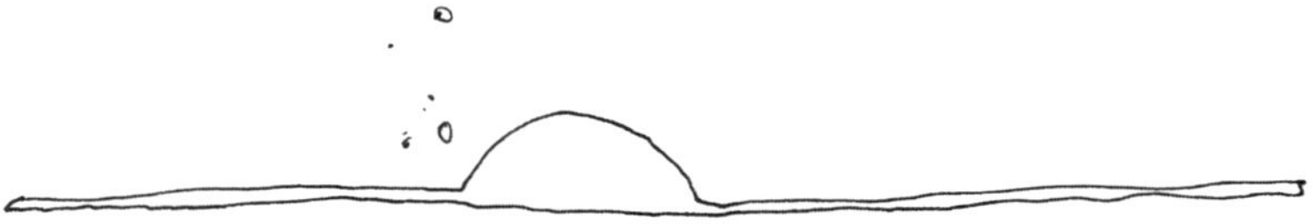

spiegelei

_ «Mit dem Spiegelei begann ich als Sechsjähriger meine Karriere als Koch. Die Geschichte geht so: Ich war als Kind sehr oft bei meiner Basler Grossmutter in den Ferien. Sie war eine hervorragende Hausfrauenköchin, die täglich auf dem Marktplatz einkaufte und die besten Metzgereien, Bäckereien und Käseläden der Stadt kannte. Aber ihre Spiegeleier entsprachen in keiner Weise meinen Qualitätsansprüchen. Oft war der Eidotter zerlaufen oder das Eiweiss aussen verbrannt und im Zentrum noch roh. Das Eigelb war manchmal noch kalt, manchmal gestockt und trocken. Vermutlich war das Spiegelei unter der gastronomischen Würde meiner Grossmutter, jedenfalls fehlte es ihr an der nötigen Geduld und Sorgfalt bei der Zubereitung. So begann ich zu ihrem grossen Vergnügen, das selbst in die Hand zu nehmen, und mit der Zeit gelangen mir die Spiegeleier recht passabel, wenn auch aus heutiger Sicht noch lange nicht perfekt. Es dauerte Jahre, bis ich nach und nach die Geheimnisse des Spiegeleis entdeckte, und noch heute lerne ich immer wieder Neues dazu. Ernsthaft begann ich mich vor zwanzig Jahren damit zu beschäftigen, als ich in einem Interview mit dem grossen Paul Bocuse las, wie er in einem Kochkurs für deutsche Küchenchefs die Zubereitung eines Spiegeleis demonstrierte. Die wichtigste Erkenntnis dabei war, dass die Zubereitung mindestens zwölf Minuten dauert und am besten im Backofen gelingt. Meine vorläufig letzten Erkenntnisse gewann ich vor ein paar Wochen durch ein Buch von Peter Barham, einem englischen Physiker, der sich intensiv mit dem Kochen beschäftigt: Man muss ein Spiegelei rund um das Eigelb etwas mehr salzen als am Rand, weil das Salz die Wärmeleitfähigkeit verbessert und dadurch die Garzeit an der dicksten Stelle rund um das Eigelb verkürzt. Hier also mein aktueller Wissenstand.

_1. Es versteht sich, dass nur biologische Freilandeier in Frage kommen, idealerweise 3–4 Tage alte. Ältere Eier, aber merkwürdigerweise auch frischere, zerlaufen beim Aufschlagen eher.

_2. Damit der runde Eidotter nicht kaputt geht, schlagen wir das Ei zuerst in einen kleinen Teller auf und lassen es von da aus langsam in die Pfanne gleiten.

_3. Ist diese Pfanne sehr heiss, brutzelt das Spiegelei kräftig. Das Brutzeln tönt zwar verlockend, bedeutet aber nichts anderes, als dass das Ei Wasser verliert und austrocknet. Die ideale Gartemperatur liegt zwischen 60 und 80 Grad, die Herdplatte ist dafür auf Stufe 1–2 eingestellt. Bei dieser Temperatur brutzelt das Ei zwar nicht, bleibt dafür aber saftig und schmelzend weich.

_4. Damit wir trotzdem die leckeren Röstaromen bekommen, benützen wir einen kleinen Trick: Wir lassen frische Butter in einem Pfännchen kochen, bis sich der Milchzucker und das Buttereiweiss am Pfannenboden absetzen und sie leicht karamellisiert sind. Das reine Butterfett schwimmt jetzt oben auf, und wir giessen es durch ein feines Tuch ab. Das machen wir, weil das reine Butterfett beim Braten viel weniger schnell verbrennt. Von dieser so genannten Haselnussbutter geben wir ein wenig in die Bratpfanne, bevor wir das Ei hineingleiten lassen.

_5. Nun zum Salz. Zwei Eier benötigen, laut Auguste Escoffier, dem Altmeister der französischen Küche, 32 Centigramm Salz; das entspricht je einer kleinen Prise. Die meisten Köche wissen, dass man das Eigelb nicht salzen darf, weil sonst unschöne weisse Punkte entstehen. Ausserdem ist das Eigelb ohnehin leicht salzig. Die wenigsten wissen jedoch, dass man das Eiweiss rund um das Eigelb stärker salzen muss als am Rand, um ein gleichmässiges Garen zu erzielen.

_6. Lassen wir die Pfanne auf Stufe 1–2 auf dem Herd, bekommt das Ei vom Pfannenboden her zwar Wärme, aber die Oberfläche, vor allem das Eigelb, bleibt kalt. Ein perfektes Spiegelei ist jedoch durchgehend warm. Wir könnten die Pfanne mit einem Deckel versehen, aber dann riskieren wir, dass sich darunter Wasserdampf bildet und das Eigelb einen hässlichen milchigen Schleier bekommt. Deshalb empfiehlt Paul Bocuse die Zubereitung im Backofen, wo die Hitze von oben und unten gleichmässig zugeführt wird. Ideal ist eine Ofentemperatur um 100 Grad. Vorher erhitzen wir aber die Haselnussbutter auf dem Herd kurz auf Stufe 3–4 und begiessen auch das Ei mit etwas flüssiger Butter, damit der zarte Glanz des Eigelbs, eben der Spiegel, erhalten bleibt. Selbstverständlich kontrolliert man laufend Garpunkt und Temperatur.

_7. Wie eingangs erwähnt, dürfte das perfekte Spiegelei nach etwa 12 Minuten fertig sein: Das Eigelb ist durchgehend handwarm und leuchtet glänzend gelb, ohne weisse Punkte. Das Eiweiss schimmert weiss wie Porzellan und besitzt den weichen Schmelz eines Truffe du jour. Und über dem Ganzen schwebt ein feiner Duft nach frischer Butter und gerösteten Haselnüssen. Damit beschliesse ich für den Moment meine kleine Serie zur «Retro-Küche», die sich noch lange weiterführen liesse.

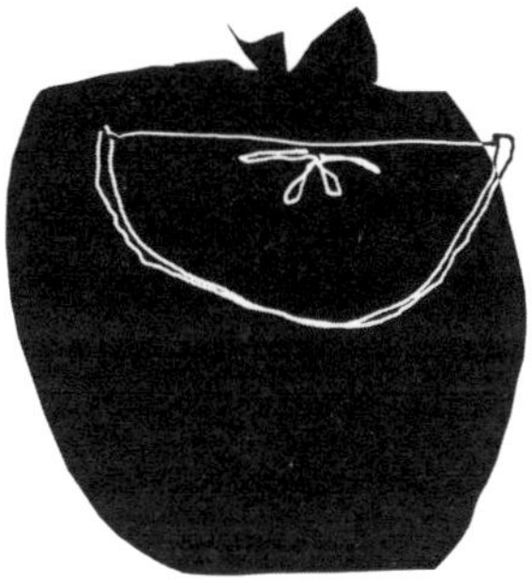

fruchtsalat (1)

_ Eine der besten Mahlzeiten meines Lebens habe ich vor einigen Wochen in Paris gegessen, und zwar an einem Mittag, in einem winzigen Bistrot beim Trocadero. Das Lokal heisst L'Astrance, ist wahrscheinlich das kleinste Dreisternelokal der Welt und mit Sicherheit das einzige, das es sich leisten kann, Chromstahlbesteck anstatt Silber aufzudecken. Höhepunkt des etwa 9-gängigen Menüs und atemraubender Abschluss war ein Fruchtsalat.

_ Doch beginnen wir die Geschichte am Anfang, morgens um 7.02 Uhr im Hauptbahnhof Zürich. Ein kulinarisch sehr bewanderter Gast, der in seinem Leben nicht viel anderes macht, als den schönsten Opernaufführungen, den tollsten Museumsausstellungen und den besten Restaurants der Welt nachzureisen, hatte mir das L'Astrance dringend empfohlen. Deshalb hatten eine sehr gute Freundin und ich den etwas verrückten Einfall, mit dem TGV nach Paris zum Mittagessen zu fahren und anschliessend wieder mit dem TGV gemütlich nach Hause zurückzukehren. Wenn man bedenkt, dass Restauranttipps von Bekannten meistens zu Enttäuschungen führen, war der ohnehin beträchtliche Aufwand zusätzlich mit einem hohen Genussrisiko verbunden. Doch das wohlmeinende Schicksal und die französischen Metro-Angestellten setzten noch eins oben drauf, indem sie an diesem Tag streikten, was für uns einen zweistündigen Fussmarsch von der Gare de l'Est bis zum Trocadero bedeutete. Immerhin bekamen wir so ordentlich Hunger und wurden herzlich und mit viel Mitgefühl im L'Astrance empfangen. Das Essen war wie gesagt einmalig. Jedes Gericht von raffiniertester Schlichtheit, ohne alle die in der Spitzengastronomie üblichen Luxusprodukte. In jedem Detail von vollendeter Harmonie in Duft, Geschmack und Textur. Um dieses Essen dieses paradiesischen Essens darzustellen, reichen hier der Platz und vor allem meine schriftstellerischen Fähigkeiten nicht aus.

_ Eine simple Aufzählung der Gänge oder eine Beschreibung der einzelnen Rezepte genügten dazu nicht. Ich kann aber versuchen,

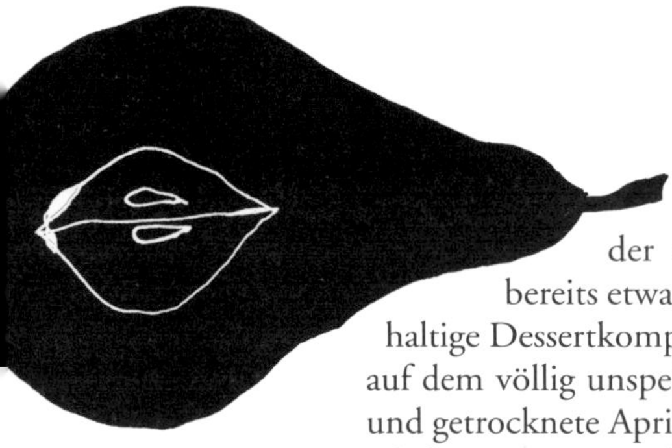

den Fruchtsalat zu beschreiben, der für mich der abschliessende Höhepunkt war. Wir hatten bereits etwa acht oder neun Gänge, davon zwei sehr reichhaltige Dessertkompositionen genossen, als ein kleiner Teller kam, auf dem völlig unspektakulär ein paar Apfelstücke, frische Datteln und getrocknete Aprikosen lagen. Dazu gab es, in einer leeren Eierschale serviert, eine kleine schaumige Emulsion. Um diesen Gang zu verstehen, muss man bedenken, dass früher in Frankreich (und meines Wissen auch in Italien) bei grossen Essen am Schluss immer noch frische Früchte gereicht wurden. Diese Tradition wurde hier offensichtlich wieder aufgenommen. Nach den unzähligen raffinierten Genüssen waren wir allerdings gesättigt, und es standen uns die Sinne nicht mehr nach einem simplen Apfel. Deshalb probierte ich aus beruflichem Interesse nur noch die Emulsion, die köstlich abgeschmeckt war. Mehr aus Langeweile steckte ich dann doch noch ein Stückchen Apfel in den Mund – und da passierte es: Zwischen dem aromatischen Apfel und der Vanille-Emulsion kam es zu einer intensiven Geschmacksverbindung im Mund, die ich nie erwartet hätte. Verblüfft naschte ich ein zweites Apfelstücklein und erlebte gleich die zweite Überraschung: Es war eine andere Apfelsorte mit einem vollkommen anderen Geschmack, was eine ganz neue Verbindung mit der Vanille-Emulsion ergab. Im Ganzen waren es drei verschiedene Apfelsorten, dazu die frischen Datteln und die Aprikosen, welche zusammen mit der Vanille-Emulsion ein Feuerwerk von Geschmacksempfindungen auslösten. Dabei waren das nichts anderes als rohe geschnittene, etwas parfümierte Früchte – ein Fruchtsalat eben. Etwas vergleichbar Einfach-Raffiniertes habe ich noch nie gegessen. Mir kam dabei das Zitat von Goethe in den Sinn: «Das einfach Schöne soll der Kenner schätzen; Verziertes aber spricht der Menge zu.» Und einmal mehr fragte ich nachher, warum nur in so vielen Spitzenrestaurants Frankreichs, welche doch über die besten Patissiers verfügen, die Dessertteller mit irgendwelchem künstlerischen Krimskrams aus Schokolade und Zucker überladen sind, während die geschmackliche Qualität der Süssspeisen oft jämmerlich banal ist.

_Unabdingbare Voraussetzung für diesen Fruchtsalat ist natürlich eine hervorragende Qualität der Früchte, und das ist in der Schweiz ein schwieriges Kapitel. Die Apfelqualität hat sich meiner Meinung nach in den letzten Jahren um einiges verbessert, wobei man die wirklich interessanten Sorten nach wie vor nur auf den Gemüsemärkten oder direkt bei den Bauern findet. Hingegen sind gute Pfirsiche, Aprikosen, Birnen, Zwetschgen, Melonen, Kirschen oder Beeren, ausser auf den Märkten, nach wie vor kaum aufzutreiben. Das nächste Mal möchte ich Ihnen an dieser Stelle ein paar Anregungen geben, was man mit frischen Früchten machen könnte, ausser Fruchtsalat. Hier eine erste Idee:

melone in der melone

_ Eine reife aromatische Melone halbieren und entkernen. Saft und Kerne in ein Pfännchen geben. Aus dem Fruchtfleisch kleine Kugeln oder Würfel ausstechen und kalt stellen. Das restliche Fruchtfleisch aus der Schale schaben und zu den Kernen geben. Die Melonenabfälle mit weissem Süsswein knapp decken, etwas Zucker und ein paar Pfefferminzblätter beifügen. Zwei bis drei Minuten kochen, mixen, durch ein Sieb streichen und wieder in die Pfanne geben. Mit Zucker, Süsswein, Pfefferminz und Zitronensaft nach Gutdünken abschmecken. Die Melonenstücke anrichten, mit dem kochend heissen Melonensirup übergiessen und sofort servieren.

fruchtsalat (2)

_ In der letzten Kolumne habe ich vom besten Fruchtsalat meines Lebens erzählt, heute möchte ich das Thema ausbauen und variieren. Jeder Salat besteht bekanntlich aus verschiedenen wohlassortierten Zutaten und einer Sauce. Bei einem Fruchtsalat sind das natürlich vor allem Früchte, aber nicht nur. Nüsse und Kerne, Kräuter, sogar einige Gemüse können ebenfalls passen: Unser Sommerfruchtsalat besteht beispielsweise aus Melonen, frischen Feigen, Tomaten und Avocados und wird als Vorspeise serviert. Eine andere Frucht-Gemüsekombination wäre Orangen, säuerlicher Apfel, ganz fein gehobelter, roher Fenchel und geröstete Pinienkerne. Für einen Dessert kann man den Fenchel – oder stattdessen Karotten – in einem Vanillesirup kochen, auskühlen lassen und mit Ananas, Datteln und Pistazien mischen. Dies nur, um zu zeigen, dass es nicht immer nur Früchte sein müssen. Ein Fruchtsalat kann furchtbar banal sein, wenn man wahllos zusammenschnipselt, was man gerade im Kühlschrank findet. Er kann aber zur Delikatesse werden, wenn man die verschiedenen Früchte harmonisch aufeinander abstimmt und mit einer aromatischen Sauce abschmeckt.

_ Assortieren: Als Richtlinie gilt hier «viele Früchte verderben den Salat». Zwei bis drei, maximal vier gut abgestimmte Früchte reichen: weisse Pfirsiche mit frischen Himbeeren. Melonen mit Walderdbeeren und Pfefferminze. Melonen mit frischen Feigen und Aceto Balsamico oder Melonen mit Kirschen. Reife Aprikosen mit Bananen und Pistazien. Im Winter Ananas zusammen mit Bananen und Datteln. Überhaupt sind im Winterfruchtsalat getrocknete Früchte wie Aprikosen, Feigen, Pflaumen eine oft unterschätzte Zugabe mit grossem Aromapotenzial. Äpfel und Birnen finde ich dagegen sehr schwer mit anderen Früchten zu kombinieren, und viele Fruchtsalate wären reizvoller ohne sie. Eine Früchtemischung macht noch keinen Salat. Dazu braucht es noch eine Sauce:

_ Marinieren: Man kann die Früchte beispielsweise eine halbe Stunde mit etwas Zucker und Zitronensaft marinieren. Die Früchte verlieren dabei etwas Wasser, mit dem man die Sauce zubereiten kann, und werden konzentrierter. Diesen Fruchtsaft kann man zusätzlich auf raffinierte Art parfümieren, beispielsweise mit Rosen- oder Orangenblütenwasser; eine Technik, die man seit dem Mittelalter kennt. Oder mit gehackter Zitronenmelisse, Pfefferminze, Verveine und Vanillesamen. Wer keinen Zucker zufügen möchte, kann die Früchte mit dem Saft und der abgeriebenen Schale von Limetten und etwas Honig marinieren.

_ Pürieren: Pürierte Saucen sind besonders einfach herzustellen. Man gibt die sehr reifen zerkleinerten Früchte in einen Mixer und fügt so viel Wasser zu, dass eine schön gebundene Sauce entsteht, die man nach Belieben mit Zitronensaft, Zucker, Vanille und Pfefferminz abschmecken kann. Für den Fruchtsalat giesst man die Sauce in Schüsselchen, legt die geschnittenen Früchte hinein und lässt sie etwa eine Viertelstunde darin ziehen. Je nachdem wie viel Sauce man gibt, kann man auch von einer Fruchtsuppe sprechen. Die Püreesaucen eignen sich vor allem für alle Beeren, für Ananas, Mango und Trockenfrüchte. Hingegen nicht für Früchte, die beim Zerkleinern schnell eine braune Farbe annehmen, etwa Pfirsiche, Zwetschgen, Kirschen, Äpfel oder Bananen. Diese muss man zuerst kochen, bevor man sie pürieren kann. Dazu bedeckt man die Früchte mit Wasser, gibt etwas Zucker, Zitronensaft, Zimt und Vanille dazu und kocht sie richtig weich. Anschliessend püriert man sie mit dem Mixstab und passiert sie durch ein Sieb.

_ Karamellisieren: Gewisse Früchte kann man auch karamellisieren. Besonders empfehlenswert ist dies bei Ananas: Man schneidet sie in dünne Scheiben und mariniert sie mit Saft und Schale von abgeriebenen Limetten und etwas Honig. Dann brät man sie ganz kurz mit etwas Butter in der Teflonpfanne an. Anschliessend löscht man den Bratsatz mit etwas Wasser und der Marinade ab und giesst diese Sauce über die Ananasscheiben. Serviert werden sie lauwarm mit Vanilleglace oder auch eiskalt mit frischen Beeren.

_ Auskochen: Ich liebe es, wenn immer möglich mit den Rüstabfällen zu köcheln. Und aus Fruchtabfällen kann man einen sehr konzentrierten Fruchtsirup herstellen. Beispielsweise aus den Kernen, Samenfäden und der ausgeschabten Schale der Melone. Oder aus dem harten Kern und den entfernten Augen der Ananas. Oder aus den Apfelschalen und dem Kerngehäuse. Man bedeckt die Fruchtabfälle mit einem Süsswein oder weissem Portwein, gibt nach Belieben noch Gewürze wie Zimt, Nelken, Vanille, Pfefferminz, Verveine, Zitronen- oder Orangenschalen dazu und lässt das Ganze bei wenig Hitze etwa 20 Minuten kochen. Dann passiert man die Flüssigkeit durch ein feines Sieb und erhält so einen Sirup, mit dem man einen tollen Fruchtsalat zubereiten kann.

mascarpone

_Mascarpone ist eines der wenigen Nahrungsmittel, die ich in meiner Küche meistens vorrätig habe, weil er so vielseitig verwendbar ist, ideal, um eine kleine Sauce, ein Teigwaren- oder ein Gemüsegericht oder ein Dessert zu improvisieren. In pasteurisierter Form ist der angebrochene Becher noch tagelang haltbar, ein weiteres überzeugendes Argument für alle Singles und Pärchen. Lange Zeit konnte mir niemand erklären, was Mascarpone genau ist. Auf der Packung steht nur «italienischer Frischkäse». Doch kürzlich bin ich im Internet fündig geworden, hier die Zusammenfassung: Mascarpone AOC ist ein milder, crèmiger Frischkäse aus Rahm, fermentiert mit Kalbslab, und je nach Marke etwas Buttermilch. Ursprünglich aus dem lombardischen Lodi stammend (Mascherpa war die Dialektbezeichnung für Ricotta), wird er heute in ganz Italien hergestellt. Am bekanntesten ist er als Zutat für das köstliche Tiramisù geworden. Da er leicht Fremdgerüche annimmt, sollte er gut verschlossen aufbewahrt werden.

_Mascarpone kann man heute in jedem Grossverteiler kaufen, man kann ihn aber auch leicht selbst herstellen: Einen Liter Rahm auf etwa 90 Grad erhitzen, 5 ml Zitronensäure hinzugeben (man erhält sie in einer Drogerie) und zirka 10 Minuten langsam rühren, bis der Rahm geronnen ist. Anschliessend die Masse in einem Tuch abtropfen lassen. Mascarpone nennt sich übrigens auch eine spezielle crèmige Form des Gorgonzola-Käses. Er wird wie eine Torte in abwechselnden Schichten von Gorgonzola und Mascarpone hergestellt. Was den Mascarpone beim Kochen so überaus vielseitig macht, ist sein hoher Fettgehalt von 80 Prozent, also nur rund 10 Prozent weniger als Butter. Diese 10 Prozent machen aber den entscheidenden Unterschied aus: Wenn wir Butter schmelzen, erhalten wir in der Pfanne eine Fettlache, wenn wir hingegen Mascarpone schmelzen, erhalten wir eine feine Crème, die wir mit irgendeiner anderen Flüssigkeit mischen können.

_Eines meiner liebsten Spaghettirezepte geht so: Saft und abgeriebene Schale einer Zitrone mit einem Esslöffel gehacktem Basilikum, einem Esslöffel frisch geriebenem Parmesan und zwei Esslöffel Mascarpone unter die tropfend heissen Spaghetti mischen und gut umrühren. Fertig. Oder die einfachsten Rahmschnitzel: Das gewürzte Fleisch und fein gehackte Zwiebeln in Butter braten. Die Pfanne vom Herd ziehen und den Bratensatz mit zwei Esslöffeln Mascarpone verrühren. Fertig. Oder die einfachste Tomatensuppe: Eine Flasche passierte Tomaten aufkochen, salzen und pfeffern. Zwei

Esslöffel Mascarpone und einen Esslöffel gehackte Pfefferminze zugeben und mit dem Mixstab fein pürieren. Mascarpone und Butter unterscheiden sich noch in einem zweiten Punkt: Die kalte Butter aus dem Kühlschrank ist hart, und man muss sie erst erwärmen, um sie verarbeiten zu können. Der kalte Mascarpone ist zwar auch recht kompakt, aber er lässt sich doch problemlos mit anderen Flüssigkeiten mischen. Dies können wir ausnützen um einen besonders festen Schlagrahm zu bekommen, indem wir pro Deziliter Rahm einen Kaffeelöffel Mascarpone hinzufügen. Die Mousse au Chocolat wird so auch ohne Gelatine schön stichfest. Es müssen aber nicht immer schwere, kalorienreiche Süssspeisen sein, viele Früchte lassen sich mit Mascarpone einfach und mit wenig Arbeit zu luftigen Mousses verzaubern.

(die Reihe liesse sich noch beliebig verlängern, doch jetzt lassen wir es genug sein mit den Schaumschlägereien...)

zwetschgenmousse

_ 500g Zwetschgenhälften – am besten schmecken die Fellenberger – mit wenig Wasser aufkochen. Mit Honig und Zimt nach Belieben würzen. Mit dem Mixstab fein pürieren und durch ein Sieb streichen. Vollständig auskühlen lassen. 250 g Mascarpone beifügen und mit dem Schwingbesen zu einer luftigen Crème aufschlagen. Separat 1 dl Rahm schlagen und sorgfältig unter die Masse ziehen. Bis zum Servieren in den Kühlschrank stellen.

passionsfruchtmousse

_ Von 4 Passionsfrüchten Saft und Kerne mit 1,5 dl Passionsfruchtsaft mischen. 60g Zucker, 250g Mascarpone und 2 dl flüssigen Rahm damit vermischen. Alles zusammen mit dem Schwingbesen wie Schlagrahm aufschlagen und kalt stellen. Es gibt immer wieder Leser, die meinen, meine Rezepte verbessern zu müssen, und sich dann beklagen, wenn es nicht funktioniert. Also bitte: Den Rahm bei diesem Rezept nicht geschlagen, sondern in flüssiger Form beifügen.

kastanienmousse

_ 500 g fertige Vermicellemasse, 250g Mascarpone, 2 EL Rum, 2 EL Cognac und 1 Prise Vanillezucker mit dem Schwingbesen aufschlagen. 1 dl Rahm separat schlagen und sorgfältig unter die Kastanienmasse ziehen. Kalt stellen.

liaison dangereuse

_«Hallo Herr Brunner, oft brate ich Fleisch in einer Mischung aus Olivenöl und Butter. Um nachher eine Sauce zu haben, lösche ich den Satz mit etwas Wein ab. Um sie zu binden, streue ich etwas Mehl hinein. Oft passiert dann, dass die Sauce zwar schön bindet, aber wenn ich sie in den Teller gebe, dann trennt sie sich. Geschmacklich kein Problem, optisch nicht so der Hit. Vielleicht geben Sie mir den richtigen Tipp?» Lieber Herr Leser, Sie stellen mir eine äusserst komplexe und interessante Frage. Was Sie herstellen wollen, ist eine Emulsion von Fett und Wasser. Emulsionen gibt es in der Küche sehr viele, nicht nur ihre Lammsauce, auch jede andere Sauce mit Butter, Öl oder Rahm, von der Salatsauce bis zur Mayonnaise, ist eine solche. Wasser und Fett finden einander bekanntlich gar nicht reizvoll, sondern im Gegenteil äusserst abstossend. Um dieses Problem zu überwinden, benötigen wir Tricks, die wir aus der jahrhundertealten Kochgeschichte kennen, und um diese Tricks zu verstehen, müssen wir in die Molekulargastronomie eintauchen. Ich selbst bin natürlich kein Chemiker, sondern ein einfacher Koch, der vor allem durch Erfahrung gelernt und das eine oder andere über chemische Vorgänge gelesen hat. Ich bitte also alle Chemiker unter den Lesern um viel Nachsicht – es ist durchaus möglich, dass einiges an meinen Erklärungen wissenschaftlich nicht ganz korrekt ist, hingegen ist alles in der Küche tausendfach erprobt.

_Also, damit eine Flüssigkeit, zum Beispiel Wasser, Essig, oder Wein, mit Fett eine Verbindung eingeht, müssen wir so genannte grenzflächenaktive Moleküle beifügen, die als Emulgatoren wirken. Wir kennen diesen Begriff aus der Nahrungsmittelindustrie, es gibt aber auch ganz natürliche Emulgatoren in Eiern, Soja, im gelatinösen Gewebe von Fleisch und Fisch, im Senf, in Knoblauch und anderem Gemüse. Beispielsweise ist Milch zwar eine recht stabile Emulsion, mit der Zeit trennen sich aber in der Rohmilch Wasser und Fett, und der fette Rahm schwimmt obenauf. Wie funktionieren diese grenzflächenaktiven Moleküle genau? Sie bestehen aus zwei Teilen, einem, der Fett liebt, und einem anderen, der Wasser anzieht. Die Moleküle ordnen sich nun so an, dass der lipophile Teil in die feinen Fetttröpfchen eindringt, während der hydrophile Teil sich den Wassermolekülen zuwendet – und schon besteht eine Bindung. Eine Liaison dangereuse allerdings, denn sie ist meist instabil, wie unser Leser in seinem Brief festgestellt hat. Jeder Koch kennt ein paar Tricks, um eine Emulsion zu stabilisieren, und damit komme ich endlich zum praktischen Teil dieser Kolumne.

_Wie erhalten wir eine möglichst stabile Emulsion? Als Beispiel wähle ich die vielleicht berühmteste, die Mayonnaise. Wir beginnen immer mit der Wasserphase und mischen einen Spritzer Essig mit einem Esslöffel Wasser. Dann fügen wir verschiedene grenzflächenaktive Zutaten bei: eine Messerspitze Senf und vor allem ein Eigelb. Dieses ist in sich eine stabile Emulsion, weil es Lecithin, einen äusserst wirksamen Emulgator, enthält. Zudem fügen wir eine Prise Salz bei, die zusammen mit dem Essig die Mayonnaise zusätzlich festigen wird. Damit haben wir schon die ersten Hinweise: Säure und Salz stabilisieren jede Emulsion.

_Nun kommt der zweite Trick: Wir mixen diese Wasser-Eigelb-Mischung recht lange, damit die oberflächenaktiven Moleküle aktiv werden können.

_Der dritte Trick: Wir lassen nur eine kleine Menge Öl in einem feinen Faden in die Eimischung laufen. Die Öltröpfchen dringen dabei in die Flüssigkeit ein und werden sofort von den Emulgatoren umschlossen, und die Bindung ist gesichert. Giessen wir das Öl zu schnell dazu, kommen die Emulgatoren nicht nach, und das Öl wird nicht gebunden.

_Trick vier: Je länger wir die Mayonnaise aufschlagen, desto feiner werden die Öltröpfchen, desto stabiler wird die Emulsion und desto dicker die Mayonnaise.

_Trick fünf: Wenn wir zu viel Öl zugeben, kann die Emulsion umkippen, weil das Wasser das Öl nicht mehr binden kann. Mit ein wenig zusätzlichem Wasser können wir die Katastrophe abwenden. Mehr Eigelb braucht es auf keinen Fall.

_Und zum Schluss der Notfalltrick, falls die Mayonnaise trotzdem geschieden ist: ruhig Blut bewahren. Mixen Sie einen Esslöffel der geschiedenen Mayonnaise mit einem Esslöffel warmem Wasser nochmals kräftig auf. Dann geben sie kaffeelöffelweise die geschiedene Mayonnaise dazu, und Heureka!, die Mayonnaise hält.

_Und wie gesagt, all diese Tricks gelten nicht nur für die Mayonnaise, sondern für alle Emulsionen in der Küche.

_ «Theoretisch braucht es zu einem Weihnachtsfest nur ein gutes Stück Käse, ein knuspriges Brot, eine anständige Flasche Wein, ein paar Weihnachtsguetsli und Mandarinli, ein paar gute Freunde und, wenn immer möglich, viele Kinder.»

endlich!

_ Die Sonne ist da, und gleich scheint der Frühling in den Sommer zu kippen! Endlich ist es wieder ein Genuss, über die Zürcher Gemüsemärkte zu bummeln. Allzu trist und nass war bisher der Frühling gewesen, und es machte wieder einmal keine Freude, in der Schweiz zu kochen. Auch für die Gemüsebauern war das Wetter deprimierend. Auf dem Bürkliplatz hat mir Simon Müller aus Steinmaur erzählt, wie er seine winzigen Norli-Kefen mit dem Kraut ernten musste, weil sie auf dem nassen Boden verfault wären. Zu Hause hat er dann die zentimetergrossen Schötchen vom Kraut gelesen, welch eine Mühe! Doch welch ein Genuss auch, wenn man das zarte Gemüse roh knabbert oder ganz kurz in etwas Butter schwenkt. Die Saison ist äusserst kurz, doch gleich anschliessend werden bei Simon Müller die köstlichen Knackerbsen folgen. Das Zwittergemüse, halb Erbse, halb Kefe, ist mein heutiger Geheimtipp.

_ Wenn man die verschiedenen Zürcher Gemüsemärkte vergleicht, herrscht auf dem Bürkliplatz einheimisches Gemüse vor, während der Helvetiaplatz im Langstrassenquartier traditionellerweise von den Italienern geprägt wird. In Örlikon halten sich die beiden in etwa die Waage. Auf dem Bürkliplatz war noch der Frühling mit den verschiedenen Knospen-, Blatt- und Sprossengemüsen in den zartesten Grüntönen das Thema. Auf dem Helvetiaplatz prunkten dagegen die Italiener bereits mit einem farbenprächtigen, frühsommerlichen Angebot. Eine Entdeckung waren da für mich die feinen, sehr aromatischen grünen Bohnen aus Lecce bei Rossetti. Er führt auch Puffbohnen, besser bekannt unter dem italienischen Namen Fave. Dieses reizvolle Frühlingsgemüse hat nur einen Haken: Man muss zuerst die Kerne aus den Schoten lösen, dann kurz in kochendem Wasser blanchieren und anschliessend erst noch das feine Häutchen entfernen. Viel Arbeit für einen kleinen Ertrag, aber es lohnt sich. Ebenfalls neu entdeckt habe ich auf dem Helvetiaplatz den Stand von Urs Kämpf aus Schötz. Er hat sich mit Unterstützung seiner thailändischen Frau auf asiatisches Gemüse spezialisiert, das er seit vier Jahren selber anbaut. Ich habe drei verschiedene Blattgemüse probiert, deren zartbittere Note mir sehr gut gefällt. Als ich nach den Namen fragte, waren wir beide allerdings etwas ratlos, weil Urs Kämpf sie mir nur in phonetischer Schrift aufschreiben konnte, so, wie er sie von seiner Frau mündlich bekommen hat. Die wunderschöne thailändische Schrift beherrsche ich leider nicht. Die drei Gemüse heissen: Schumschay, Beischay und Gwantung. Man mischt sie roh unter einen Salat oder dünstet sie mit jungen

Zwiebeln oder Knoblauch kurz in Öl. Ab und zu bekomme ich den Vorwurf zu hören, in meinen Kolumnen würde ich die immer gleichen Lieferanten erwähnen. Ich kann den Einwand nachvollziehen, meine Auswahl ist tatsächlich subjektiv und relativ klein.

_ Ich bin jedoch nicht faul, fantasielos oder parteiisch. Vielmehr ist die beste Qualität einfach dünn gesät und schwierig zu finden. Nehmen wir als Beispiel die Cocobohnen, die ich heute Morgen an sehr vielen Ständen auf dem Bürkliplatz gesehen habe. Viele kamen, an den Originalkisten gut erkennbar, direkt vom Engrosmarkt – Massenware. Hellgrüne, trockene, 1–2 cm breite, 20 cm lange Riemen. Diese Bohnen waren schnell gepflückt und bringen mächtig Gewicht auf die Waage. Ganz anders dagegen bei Martin Bär aus Dänikon. Seine Cocobohnen waren höchstens 5 mm schlank, in sattem Dunkelgrün, die Kerne noch kaum sichtbar, und wenn man sie aufbrach, perlte der Saft heraus. Zweimal dasselbe Gemüse, aber welch ein Unterschied im Gaumen. Da kaufte ich halt wieder die Bohnen von Martin Bär aus Dänikon, in der Hoffnung, dass er sie bis zum nächsten Freitag nicht weiterwachsen lässt. Zum Schluss noch der neuste Tomatentipp vom Bürkliplatz: Conti von Kilchberg mit seiner Eigenzüchtung, den Kilchbergern, strong buy!

(der neuste Tipp vom Bürkliplatz)

farfalle mit tomate

_ Tomatenwürfel, frischer Ingwer, Zitrone (Saft und abgeriebene Schale), Petersilie, Pfefferminz, Olivenöl, Salz, Pfeffer. Alles kalt mit den frisch gekochten, heissen Farfalle mischen.

mousses

_Das luftig leichte Thema wird mir von einem sommerlich heissen Tag geradezu aufgedrängt, welcher durch mein Fenster lacht, während ich diese Kolumne schreibe. Allerdings, wenn man das Kochen als ernsthafte Sache betrachtet, und das tun wir hier ja immer, dann ist die «Mousse» keineswegs ein leichtes Thema, sondern stellt uns vor einige knifflige kulinarische Probleme. Bereits die Betitelung «luftig leicht», stimmt im kulinarischen Sinne zwar meistens, im diätetischen dagegen eher selten, bestehen die meisten Mousses doch aus einem erheblichen Fettanteil. Überspitzt formuliert, kann man sagen: je besser eine Mousse, desto höher der vermutliche Fettanteil. Das Fett bewirkt nicht nur ihre Crèmigkeit, sondern stabilisiert auch die Luftbläschen in der Masse. Deswegen lässt sich beispielsweise aus Rahm eine Mousse zubereiten, aus Milch dagegen nicht. Als kalorienarme Variante kann man den Rahm durch geschlagenes Eiweiss ersetzen. Die Mousse wird dadurch leichter, aber auch instabiler und vor allem geschmacklich weniger fein. Eiweiss ist nämlich ein veritabler Geschmacksfresser.

_Mit diesen wenigen Überlegungen haben wir bereits die vier Parameter beisammen, welche den Charakter und die Qualität einer Mousse bestimmen: der Geschmack, die Stabilität, die Bekömmlichkeit (vor allem definiert durch die Kalorienzahl) und das Mundgefühl. Die ersten drei Begriffe sind wohlbekannt. Dagegen ist der aus der Lebensmitteltechnologie importierte Begriff «Mundgefühl» in der Gastronomie relativ neu. Wie viele sprachliche Neuerungen ist er ausserordentlich hässlich, als Oberbegriff aber leider unersetzlich, denn er fasst so unterschiedliche kulinarische Eigenschaften zusammen wie knusprig, luftig, gummig, schmelzend, crèmig, griessig, zäh, hart oder weich. Speziell bei der Mousse ist das Mundgefühl von entscheidender Bedeutung. Durch dieses unterscheidet sie sich nämlich von einer gewöhnlichen Crème oder einem Pudding. Eine gute Mousse enthält viele Luftbläschen und ist gleichzeitig crèmig, stichfest und doch im Mund zerschmelzend. Für die Luftbläschen braucht es eine gewisse Stabilität der Masse, und bei den dazu benötigten Bindemitteln besteht oft ein natürlicher Gegensatz zwischen der Stabilität und dem Schmelzen. Ein Stoff, der bei Kühlschranktemperatur sehr stabil ist und im Mund trotzdem angenehm schmilzt, ist das Milchfett. Deshalb enthalten die meisten Mousserezepte reichlich Rahm, Butter oder andere fetthaltige Milchprodukte. Im Folgenden möchte ich eines meiner liebsten Mousse-Rezepte vorstellen:

himbeermousse

_ 140 g Himbeeren pürieren und durch ein Sieb streichen. Mit 140 g Doppelrahm, 125 g Mascarpone, 1 KL Vanillezucker und 20 g Puderzucker zu einer festen Mousse aufschlagen und kalt stellen.

_ Bei diesem Rezept kommen wir natürlich mit dem Kriterium «Bekömmlichkeit» in eine arge Bredouille, denn es ist zwar exzellent, die Kalorienzahl aber beträchtlich. Nun haben wir zwei Möglichkeiten: Entweder wir essen einfach weniger davon, oder wir reduzieren den Fettanteil der Mousse durch Zugabe von geschlagenem Eiweiss, das nahezu keine Kalorien enthält. Dazu benötigt man kein neues Rezept, sondern man gibt nach Belieben Eischnee unter die fertige Masse. Diese Kalorienreduktion gibt es aber nicht gratis: Je mehr Eischnee man darunter mischt, desto mehr verliert die Mousse an Stabilität, Crèmigkeit und vor allem an Geschmack. Wie gesagt, Eiweiss ist ein Geschmacksfresser. Man kann mit dem Eischnee beliebig weit gehen, hier eines meiner uralten Rezepte, als ich mich intensiv mit kalorienarmer Küche beschäftigte. Es kommt praktisch ganz ohne Fett und Zucker aus. Aber ich warne Sie: Das ist Hardcore-Diät und keine kulinarische Delikatesse, denn in der Küche kann man zwar Kompromisse zwischen Kulinarik und Bekömmlichkeit schliessen, aber keine Wunder vollbringen:

(Warnung: Hardcore-Diät, keine kulinarische Delikatesse!)

diät-himbeermousse

_ Zutaten: 120 g Himbeermark, 120 g Sauerhalbrahm, 2 g Johannisbrotkernmehl (in der Apotheke als Nesvital oder Nestargel erhältlich), 2 Blatt Gelatine, in kaltem Wasser eingeweicht, 1 Beutel Vanillezucker, flüssiger Süssstoff, 60 g Eiweiss. Zubereitung: Das Johannisbrotkernmehl mit etwas Wasser anrühren und erwärmen. Das Himbeermark beifügen und mixen, die eingeweichte Gelatine darin auflösen. In eine Schüssel giessen und den Sauerrahm darunterrühren. Mit Süssstoff abschmecken und in den Kühlschrank stellen. Das Eiweiss mit dem Vanillezucker separat zu einem steifen Schnee schlagen und unter die kalte Himbeercrème ziehen. Im Kühlschrank ganz auskühlen lassen.

die dunkle königin

_Nachdem in der letzten Kolumne die Mousses im Allgemeinen das Thema waren, geht es hier wie versprochen um die Königin aller Mousses. Bei der Vorbereitung dieser Kolumne habe ich auch in meinen älteren Kochbüchern geblättert und dabei mit grossem Erstaunen festgestellt, dass die ungeheure Popularität der Mousse au chocolat offenbar neueren Datums sein muss: Weder bei Auguste Escoffier, dem Gründer der modernen französischen Kochkunst (1846–1935), noch bei Paul Bocuse, dem Erfinder der «nouvelle cuisine», habe ich ein Rezept gefunden. Zu dieser an sich schon bemerkenswerten Tatsache kommt noch die ebenso merkwürdige Feststellung dazu, dass die ersten Rezepte, die ich gefunden habe, keinen Rahm, dafür weiche Butter und geschlagenes Eiweiss enthalten. Der Grund dafür scheint mir kein kulinarischer, sondern ein technischer zu sein: Bis weit ins 20. Jahrhundert waren die Kühlmöglichkeiten in den Küchen äusserst beschränkt. Kühlschränke gab es noch nicht. Frischer Rahm ist jedoch, im Gegensatz zu Butter und Eiweiss, ein äusserst attraktiver Nährboden für Mikroorganismen und muss immer gekühlt sein. Deshalb wurde er früher in roher Form höchstens als Crème fraîche verwendet. Die Zürcherinnen und Zürcher kennen übrigens die Schoggimousse schon sehr lange, dank Hulda Zumsteg, der legendären Wirtin der Kronenhalle. Doch genug der kochgeschichtlichen Spekulationen – auf in die Küche! Wichtigste Voraussetzung für eine gute Mousse au chocolat ist eine erstklassige Schokolade, was aber nicht heisst, dass sie unbedingt so dunkel und bitter wie in unserem Rezept sein muss. Der Grad der Bitterkeit ist Geschmacksache. Wie es auch Geschmacksache ist, ob die Mousse möglichst luftig sein soll oder eher kompakt wie eine Trüffelpraline. Besonders die Nahrungsmittelindustrie liebt Luft sehr, weil sie nichts kostet und man sie teuer verkaufen kann. Als Erstes beschreibe ich ein klassisches Rezept mit Eiweiss. Allerdings ohne Butter, die ich in diesem Gericht nun wirklich nicht mehr für zeitgemäss halte:

die dunkle königin

_ 125g Schokolade (65–70%) mit 0,5 dl Rahm schmelzen, 2 Eigelb in die warme, aber nicht heisse Schokolade rühren. Kalt stellen. 3 Eiweiss sehr steif schlagen, nach etwa einer Minute 20g Zucker beifügen. Sorgfältig mit der gut ausgekühlten Schokolade mischen und nochmals kalt stellen.

_Als Nächstes kommt mein Lieblingsrezept, wie wir es auch in unserem Restaurant verwenden:

mousse au chocolat «grand cru»

_ 200 g erstklassige Schokolade mit 65–70% Kakaoanteil zerbröckeln und in 0,5 dl warmer Milch schmelzen. 50g Eigelb mit 40g Zucker schaumig rühren, bis eine weissliche Crème entsteht. Weiterrühren und langsam die Schokoladensauce dazu giessen. Die Masse kalt stellen und ab und zu umrühren, bis sie fest zu werden beginnt. 3 dl eiskalten Rahm und 0,5 dl Doppelrahm zusammen aufschlagen und unter die Schokolade ziehen. Nochmals kalt stellen.

_ Modebewusste Pâtissiers und Köche leben heute ihre Kreativität aus, indem sie die Schokolade mit allen möglichen Gewürzen wie Zimt, Pfeffer, Chili, Vanille oder Fenchelsamen verfeinern. Sogar getrüffelte Schokolade habe ich schon vorgesetzt bekommen. Für Schokolade-Afficionados ist dies eine Sünde, weil dadurch die vielfältigen Aromanuancen einer guten Schokolade überdeckt werden. Etwa so, wie wenn man Chanel No. 5 mit einem WC-Rosenduftspray «nachwürzen» würde. Persönlich mag ich solche puristischen Auffassungen nicht besonders, deshalb parfümieren auch wir unsere Mousse au chocolat zur Abwechslung mit Himbeeren:

mousse au chocolat mit frischem himbeermark

_ Man kann dazu das obige Rezept verwenden. Zusätzlich 70g frische Himbeeren pürieren und durch ein feines Sieb streichen. Das ergibt etwa 50g Himbeermark. Leicht erwärmen und ein halbes Blatt eingeweichte Gelatine darin auflösen. Mit der warmen Schokolade mischen. – Im ersten Moment spürt man beim Essen das Himbeeraroma kaum heraus, erst im Nachklingen bemerkt man die leichte, fruchtige Säure am Gaumen.

_ Und zum Abschluss ein recht witziges Rezept aus der molekularen Küche von Hervé This, dem Papst der Gastronomie moléculaire, ohne Rahm, Butter, Eier und Zucker, nur mit Schokolade und Orangensaft. Sie basiert auf dem Prinzip einer Mayonnaise und wird auch ähnlich zubereitet. Die weitere Verarbeitung zur Mousse haben wir in unserer Küche ausgetestet:

mousse au chocolat moléculaire

_ 300 g erstklassige Schokolade mit 0,5 dl Wasser schmelzen, wobei sie nur leicht warm werden soll. In eine Schüssel giessen. Zuerst tropfenweise, dann relativ zügig 2 dl Orangensaft dazu giessen und dabei ständig kräftig mit dem Schwingbesen rühren. 120 g eiskaltes Eiweiss zu einem steifen Schnee schlagen. In kleinen Portionen sorgfältig unter die Schokolade-Mayonnaise ziehen und glatt rühren. Kurz in den Kühlschrank stellen, um sie vollständig auskühlen zu lassen.

kürbis

_Ausgangspunkt für ein gelungenes Kürbisgericht ist ein guter Kürbis. Und den findet man nicht in einem Buch, sondern nur auf dem Gemüsemarkt, bei einem Kürbisbauern oder natürlich im eigenen Garten. Das Aroma der verschiedenen Kürbissorten kann recht unterschiedlich sein, mir persönlich schmecken der «Muskatkürbis» und der «Orange Knirps», auf Französisch «Potimarron», am besten. Beide sind dunkelfleischig, saftig und eher süsslich. Die richtige Sorte ist aber nur das eine Kriterium für die Qualität, noch viel wichtiger sind die optimale Reife und Frische. Das Fruchtfleisch muss bis an die Schale hin von gleichmässig intensiver Farbe sein, und der Fruchtsaft soll beim Anschnitt herausperlen.

_Die Zubereitung beginnen wir meistens gleich: Wir schälen den Kürbis, schneiden ihn in grosse Würfel und schieben ihn bei 140 Grad für etwa 90 Minuten in den Backofen. In dieser Zeit verdampft viel Wasser, und wir bekommen einen intensiv duftenden Brei. Wenn wir ein Ragout zubereiten wollen, müssen wir deshalb die Schmorzeit massiv verkürzen.

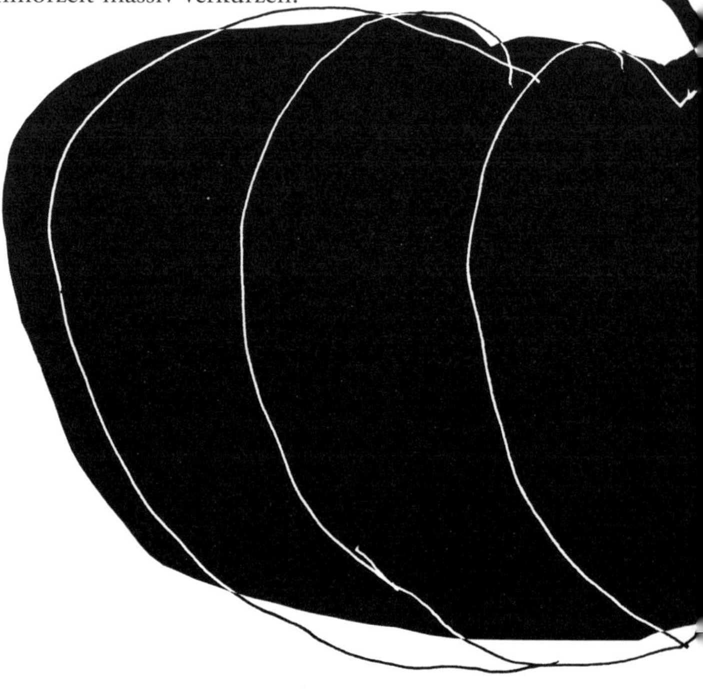

(Lieblingsrezept vom Chef)

pesto di zucca

_400 g im Ofen geschmortes Kürbisfleisch, 2 gehackte Knoblauchzehen, 1 dl kalt gepresstes Kürbiskernöl (man kann es auch durch gutes Olivenöl ersetzen), 2 EL geröstete Pinienkerne und 200 g frisch geriebenen Parmesan fein pürieren. Mit Salz und Pfeffer abschmecken. Wahlweise einen Bund gehacktes Basilikum daruntermischen. Die Teigwaren, zum Beispiel Spaghetti, knapp weich kochen, direkt aus dem Kochtopf mit dem Pesto mischen und ein paar Löffel Kochwasser beifügen. In der Sauce kurz ziehen lassen und mit zusätzlichem Parmesan servieren.

kartoffel-kürbisragout

_Rohen Kürbis und rohe Kartoffeln in etwa 1,5 cm grosse Stücke schneiden und auf eine Gratinplatte legen. Mit 2 gepressten Knoblauchzehen, 1 EL Zitronenthymianblättchen, etwas Salz und Pfeffer und ziemlich viel Olivenöl verrühren. Bei 140° in den Backofen schieben, bis Kürbis und Kartoffeln weich sind, aber noch nicht zerfallen. Mit einem Spatel nochmals sorgfältig mischen und mit Salz und Pfeffer abschmecken. Dieses Ragout passt sehr gut als Beilage zu einem Rindsschmorbraten oder einem Rehpfeffer. Als weitere Variante kann man dem Kürbisragout am Schluss gekochte Kastanien oder Traubenbeeren beifügen.

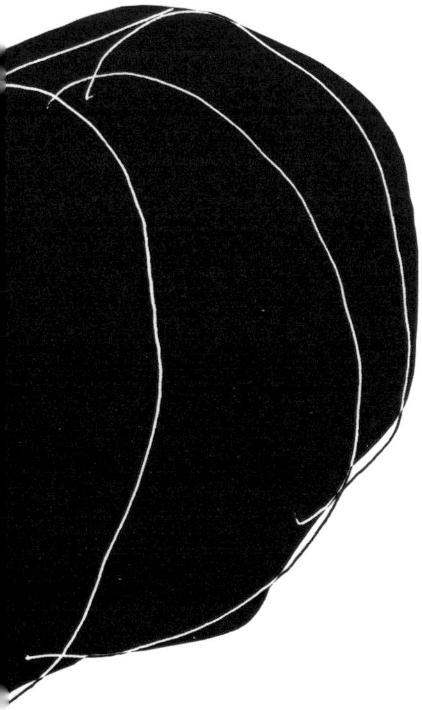

süsser kürbisflan

_350 g geschmortes Kürbisfleisch mit 1,2 dl Vollrahm, den Samen eines Vanillestängels und 90 g Zucker kurz aufkochen und pürieren. 2 Blatt Gelatine in kaltem Wasser einweichen, gut ausdrücken und im Kürbispüree auflösen. Alles durch ein Sieb streichen und auskühlen lassen, bis die Gelatine zu binden beginnt. 2,5 dl eiskalten Rahm aufschlagen und unter das Kürbispüree mischen. In 8 kleine Förmchen abfüllen und für mindestens zwei Stunden in den Kühlschrank stellen. Die Förmchen unter warmes Wasser halten, den Kürbisflan den Rand entlang mit einem Messer lösen und auf die Teller stürzen.

kraut

_Auf unserer kleinen Winterreise durch die Gemüselandschaft machen wir heute Station beim Kohl. Zwar gibt es die verschiedensten Kohlarten auch das ganze Jahr über, aber im Winter fällt er auf, denn dann ist das übrige einheimische Angebot doch recht karg. Wer vor lauter Hors-sol-Tomaten, mexikanischen Spargeln und tunesischen Zucchetti vergessen hat, wie wenig auf unseren Böden in der kalten Jahreszeit wächst, kann sich davon am Freitag auf dem Bürkliplatz und am Samstag in Örlikon am Stand von Ernst Wettstein aus Winkel ein Bild machen. Er ist der einzige Gemüsebauer, den ich kenne, der konsequent auch im Winter ausschliesslich eigenes Gemüse aus Freilandkultur anbietet. Zurzeit vor allem das beste Sauerkraut, das ich kenne. Es macht seinem Namen alle Ehre und ist tatsächlich recht sauer. Ursache dafür ist die Milchsäure, welche bei der Vergärung entsteht. Sie schmeckt zwar sauer, aber keineswegs aggressiv und wirkt magenschonend, antibakteriell und entschlackend. Sauerkraut in dieser Spitzenqualität hat heute in der gehobenen Gastronomie wieder seinen festen Platz gefunden und ist längst nicht mehr bloss Beilage zu Rippli, Blutwurst, Eisbein oder Berner Platte. Es ist nicht zu vergleichen mit dem industriell hergestellten Sauerkraut, das meist wegen der längeren Haltbarkeit zusätzlich sterilisiert wird. Beispielsweise schmeckt es roh, aber leicht gewärmt, hervorragend als lauwarmer Sauerkrautsalat:

lauwarmer sauerkrautsalat

_ Abgeschmeckt mit einem erstklassigen Öl, Pfeffer, einem fein geschnittenen Apfel und nach Belieben mit Kümmel oder frisch gemahlenem Koriander. Wer das Sauerkraut lieber mild mag, kann es zuerst gut auspressen, sollte es aber niemals mit Wasser abspülen. Damit würde man nicht nur die Geschmacksnuancen, sondern auch die vielen wertvollen Inhaltsstoffe herauswaschen. Besonders mild und elegant wird der Sauerkrautsalat dadurch, dass man der Sauce etwas Schlagrahm beifügt. Falls es richtig festlich werden soll, kann man dazu fein geschnittenen Rauchlachs oder kurz gebratene Scampis servieren.

(ein Modegericht der deutschen Spitzengastronomie)

sauerkrautsüppchen

_ 200 g Sauerkraut, 1 fein geriebene Kartoffel und 1 fein gehackte Zwiebel in Butter oder mit dünnen Specktranchen andünsten. Etwa 1 L Geflügelbouillon sowie 1 Lorbeerblatt und 1 Nelke beifügen und 45 Minuten leicht kochen lassen. Lorbeerblatt und Nelke entfernen. Die Suppe mixen und nach Belieben mit Sauerrahm verfeinern. Elsässer und norddeutsche Köche servieren das Sauerkraut *gerne mit Fisch. Beim Dreisternekoch Paul Häberlin in Illhäusern habe ich vor Jahren einen köstlichen Stör auf Sauerkraut gegessen. Stefan Meier im Ratshauskeller in Zug ist berühmt für sein raffiniertes Sauerkraut mit Meerfischen. Nachfolgend ein einfaches Fischrezept, das Sie auch zu Hause zubereiten können.*

zander mit sauerkraut

_ Das frische Sauerkraut mit einer gehackten Zwiebel in Butter andünsten, mit etwas Weisswein ablöschen und knapp weich kochen. Gegen Schluss mit Rahm abbinden und mit Gewürzen nach Wunsch abschmecken. Pro Person ein Stück Filet mit Haut eines möglichst grossen Zanders salzen, pfeffern und mit Zitronensaft beträufeln. In einer Bratpfanne in Butter ausschliesslich auf der Hautseite langsam anbraten und anschliessend im Ofen bei 150° gar ziehen lassen. Das dauert je nach Dicke der Filets 3–8 Minuten. Zusammen mit dem Sauerkraut und Dampfkartoffeln servieren.

_ «Wofür sie besonders schwärmt, wenn es wieder aufgewärmt», sagt Wilhelm Busch von Witwe Bolte in «Max und Moritz». Tatsächlich schmeckt das Sauerkraut zu einer deftigen Fleischplatte besser, wenn es richtig weich gekocht ist. Während der langen Kochzeit verändert sich bereits der Geschmack, und wenn man es anschliessend über Nacht in der Pfanne ruhen lässt, haben die verschiedenen Aromen Zeit, sich harmonisch zu vermengen, und das Kraut wird wesentlich milder.

geschmortes sauerkraut

_ 1 gehackten Apfel und 1 gehackte Zwiebel in viel Butter leicht karamellisieren. Das Kraut beifügen und ebenfalls leicht karamellisieren. Mit 1 Glas Apfelsaft und wenig Rindsbouillon knapp bedecken. 1 Lorbeerblatt, 1 Nelke und 1 EL Korianderkörner beifügen. Während 1 1/2–2 Stunden im Ofen weich schmoren. Man kann aus Weisskohl übrigens Sauerkraut auch selber herstellen, doch ist die Zubereitung nicht ganz einfach. Wenn nämlich während des Gärprozesses Luft dazu kommt, fault das Kraut, anstatt zu vergären, und es wird ungeniessbar. Überlassen wir also diese Arbeit lieber Spezialisten wie Ernst Wettstein.

orange komplett

_Die Idee zur heutigen Kolumne ist mir wegen eines liebenswürdigen, aber nicht ganz einfachen Stammgastes gekommen. Der Mann hat nämlich eine Orangenallergie, und ihr verdanke ich zwei nützliche Erkenntnisse. Wie uns die Mediziner sagen, sind körperliche Allergien zum Glück äusserst selten. Man erkennt eine echte Allergie daran, dass man umgehend in der Notfallstation eines Spitals landet. Andere negative Reaktionen auf bestimmte Nahrungsmittel nennen die Mediziner schlicht Nahrungsunverträglichkeit. Nach meinen Erfahrungen – und unser Orangenallergiker ist eine davon – gibt es aber auch emotionale Nahrungsallergien. Die Rede ist von Menschen, die ein bestimmtes Nahrungsmittel nicht nur nicht mögen, wie wir das alle kennen, sondern die etwas absolut nicht essen können und wahrscheinlich umgehend in der psychiatrischen Notfallstation landen würden, wenn man sie dazu zwingen würde. Emotionale Allergien werden in unserer von den Naturwissenschaften geprägten Welt viel zu wenig ernst genommen, dabei können sie ebenfalls bis zum Tod führen. Dazu ein anschauliches Beispiel: Vor längerer Zeit wollte man im Rahmen der Entwicklungshilfe in einem Gebiet Afrikas den Reis einführen, der dort völlig unbekannt war. Die Einheimischen verweigerten sich jedoch dieser unbekannten und unheimlichen Nahrung und nahmen damit in Kauf, zu verhungern. Emotionale Allergien können vermutlich die verschiedensten Ursachen haben. Mein Bruder beispielsweise konnte über Jahre unmöglich Geflügel und Kaninchen essen, weil er als Vierjähriger zufällig mitbekommen hatte, wie ein Kaninchen geschlachtet wurde, das er vorher wochenlang gefüttert hatte. Meist werden Menschen mit emotionalen Nahrungsallergien bemitleidet oder belächelt, und man macht seine Witze über sie. Ich denke jedoch, dass man die emotionale Dimension des Essens mindestens ebenso ernst nehmen muss, wie die körperliche. Das ist meine erste Erkenntnis.

_Als Zweites erkannte ich dank unserem Orangenallergiker zum ersten Mal, in wie vielen Gerichten wir in unserem Restaurant Orangen verwenden. Der Orangenschale kommt dabei bemerkenswerterweise eine ebenso grosse Bedeutung zu wie dem Fruchtfleisch. Im Folgenden gebe ich Ihnen eine Reihe von Anregungen, die Sie in Ihrer Küche einbauen können. Aber aufgepasst – Sie sollten nicht im Autobahntempo darüber hinweglesen. Es sind keine Rezepte, sondern Ideen in hochkonzentrierter Form, die einen über Wochen in der Küche beschäftigen können, für mich ist die Erforschung der Orange noch lange nicht abgeschlossen. Soweit möglich und nötig, gebe ich bei den verschiedenen Ideen jeweils die ungefähre Haltbarkeit an, da ich inzwischen aus vielen Anfragen weiss, wie wichtig das in einem Kleinhaushalt ist.

orangensalz

_ Grobes Meersalz mit abgeriebener Orangenschale und etwas Thymian mischen. Ein apartes Gewürz für Geflügel und Fisch, das wochenlang hält.

karamellisiertes orangenpulver

_ Die Schale von zwei Orangen mit dem Sparschäler abziehen und mit 100 g Puderzucker und 0,5 dl Wasser weich kochen, bis die Flüssigkeit nahezu eingekocht ist. Die Schalen auf ein Backblech verteilen und im Ofen bei 120 Grad trocknen lassen, ohne dass sie braun werden. Das dauert sehr, sehr lange. Hacken oder im Cutter pulverisieren. Ein Gewürz für viele Crèmes, Kuchen oder Früchtesalate, aber auch für Gemüse wie Karotten, Fenchel oder Zucchetti.

orangenschalenkompott

_ Die Idee dazu ist mir angesichts der Berge von ausgepressten Orangen gekommen, die wir jeweils in den Abfall warfen: 2 halbierte, ausgepresste Orangen ohne Saft, 1 L Wasser, 30 g Zucker, 1 Nelke, 1 Lorbeerblatt, 3 cl Grenadinesirup, etwas Zimt und Sternanis. Alles zusammen schmurgeln lassen, bis die Schalen sehr weich sind, das dauert 1 – 2 Stunden. Wenn die Flüssigkeit dabei vollständig einkochen sollte, muss man etwas Wasser nachgiessen. Auskühlen lassen und die Schalen in feine Streifen schneiden. Nach Belieben Grand Marnier und Portwein zufügen. Das Kompott passt leicht gewärmt zu Ente, Poulet, Kalb oder Wild, aber auch zu Glace. Im Kühlschrank wochenlang haltbar und natürlich auch für den Tiefkühler geeignet.

orangen-fenchel-salat

_ Geschälte Orangen in 2 mm dicke Scheiben schneiden. Gleich viel rohen Fenchel möglichst fein darüber hobeln. Ebenso eine fein geschnittene Frühlingszwiebel. Salz, Pfeffer, wenig Essig und feines Olivenöl darüber geben und mindestens 2 Stunden ziehen lassen. Mit ligurischen Oliven dekorieren, mit Orangensalz bestreuen und servieren. Anstatt Fenchel passen auch rohe, junge Artischocken, Zucchetti oder Stangensellerie.

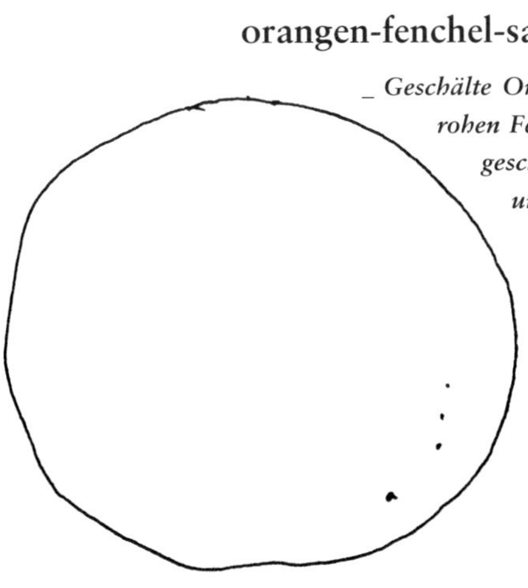

suppenznacht

_Für diese Kolumne habe ich drei sehr traditionelle italienische Bauernsuppen ausgewählt, die sich besonders gut für einen (winterlichen) Suppenznacht eignen.

(Alle Rezepte sind für 4 Personen berechnet)

acqua cotta

_ Ursprünglich bestand diese toscanische Bauernsuppe nur aus altbackenem Brot, etwas Olivenöl, Gemüse und kochendem Wasser, dem so genannten «acqua cotta». Doch jede Familie hatte ihr eigenes Rezept, das je nach den finanziellen Möglichkeiten noch mit Eiern, Parmesan oder Speck angereichert wurde. 200 g Zwiebeln, 150 g Stangensellerie, 300 g Wirsing und 2 Knoblauchzehen in feine Streifen schneiden und in Olivenöl weich dünsten. 200 g geschälte und entkernte Tomaten und 100 g gekochte weisse Bohnen beifügen. Mit 1,5 L Fleischbouillon bedecken. Mit 1 EL frischen Thymianblättchen, Salz und Pfeffer, dem Saft und der abgeriebenen Schale einer halben Zitrone würzen. Mindestens eine Stunde bei kleinster Hitze köcheln lassen und bei Bedarf Wasser nachgiessen. Dann vier grosse, geröstete Brotscheiben in eine Platte legen, das Gemüse darüber verteilen und die Bouillon dazugiessen. Viel geriebenen Parmesan darüber streuen und bei 180° in den Backofen schieben. Sobald der Parmesan schön hellbraun gratiniert ist, sorgfältig die Brotscheiben auf vier Suppenteller verteilen und die Suppe darübergiessen. Man kann die Suppe problemlos im Voraus zubereiten, entscheidend ist, dass sie genügend lange gekocht wird, damit sich die verschiedenen Aromen harmonisch verbinden.

pappa col pomodoro

_ *Diese dicke Tomatensuppe passt aus zwei Gründen sehr wohl in die Wintersaison: Erstens ist die italienische Küche ohne Tomaten auch im Winter undenkbar. Deshalb legt jede Italienerin seit jeher einen genügend grossen Wintervorrat an eingemachten Tomaten an. Zweitens sind bei uns die Tomaten meist auch in der Hochsaison zu wenig aromatisch, um daraus eine gute Suppe kochen zu können – da nimmt man sowieso besser gute Dosentomaten oder sterilisierte, passierte Tomaten aus der Flasche. Je 1 kleine Karotte, 1 Zwiebel, 3 Knoblauchzehen und ein kleines Stück Sellerie fein hacken und in 1 dl Olivenöl weich dünsten. Mit 1,5 L Fleischbouillon oder Wasser ablöschen und aufkochen. 700 g passierte Tomaten aus der Flasche beifügen und etwa 5 Minuten bei kleiner Hitze schmurgeln lassen. Inzwischen etwa 200 g Weissbrotwürfel ohne Rinde in Olivenöl leicht anrösten. Die Suppe mit dem Mixstab fein pürieren, mit Salz, Pfeffer, viel Basilikum (hier muss man im Winter vielleicht auf ein anderes Gewürz ausweichen) und nochmals mit viel erstklassigem Olivenöl abschmecken. Über das Brot giessen und mindestens 1 Stunde ruhen lassen. Am besten schmeckt die Pappa col pomodoro, wenn man sie über Nacht stehen lässt und am nächsten Tag nochmals aufwärmt. Dabei kräftig durchrühren, sodass ein dicker Brei entsteht.*

ribollita

_ *Wie der Name «ribollita» schon sagt, muss diese Suppe aufgewärmt werden. Neben verschiedenen anderen Gemüsesorten enthält eine Ribollita «cavolo nero» (Schwarzkohl oder Palmkohl). Diese sehr aromatische Grünkohlart besteht aus einzelnen dunkelgrünen, gekrausten Blättern, die wie der Rosenkohl nach dem ersten Frost am besten schmecken. Am ehesten findet man sie bei einem Italiener auf den Gemüsemärkten. Falls man nicht fündig wird, eignet sich der schweizerische Federkohl als Ersatz bestens. Als Erstes werden 200 g Rüebli, 150 g Sellerie, 2 mittelgrosse Zwiebeln und 3 Knoblauchzehen fein gehackt und in Olivenöl gedünstet. Dazu kommen 300 g passierte Tomaten aus der Flasche, 100 g gekochte, weisse Bohnen und ein paar Thymianzweige. Das Ganze wird mit Fleischbouillon oder mit Wasser knapp bedeckt und etwa 30 Minuten geschmort. Dann fügt man 400 g grob gehackte Kohlblätter bei und schmort sie nochmals 30 Minuten mit. Bei Bedarf giesst man wiederholt etwas Flüssigkeit nach. Zum Schluss schmeckt man die Suppe mit Salz, Pfeffer und etwas Zitronensaft sorgfältig ab und schichtet sie lagenweise mit etwa 200 g Weissbrot ohne Rinde in einen Topf, den man über Nacht kühl stellt. Vor dem Essen kocht man die Ribollita auf und würzt sie nach Bedarf mit Salz, Pfeffer, Olivenöl und Zitronensaft nach.*

kochbuch

_Was gibt es in der Vorweihnachtszeit Nützlicheres als ein paar Geschenkideen. Für die zahlreichen Kochbuchsammler erscheinen jedes Jahr weltweit ein paar hundert Kochbücher. Erstaunlicherweise werden immer noch viele davon verkauft, wahrscheinlich etwas weniger gelesen und mit ziemlicher Sicherheit nur der kleinste Teil in der Küche auch benützt. Zum Teil sind die Bücher wunderschön fotografiert, die Rezepte aber nicht nachvollziehbar. Zum Teil sind die Titel und Themen zwar spannend zu lesen, aber machen nicht wirklich Lust zum Nachkochen. Wenn ich mit Freunden über Kochbücher rede, zeigt sich, dass die Meisten zwar immer wieder neue Bücher kaufen, in der Küche aber ein paar wenige treue Begleiter haben, auf die sie sich seit Jahren verlassen. Auch in meinem privaten Kochbuchkabinett gibt es ein paar solche alt bewährte Exemplare, die ich Ihnen gerne vorstellen möchte.

_ Mein erste Kochbuch und noch heute treuer Begleiter ist das Fülscher-Kochbuch der Zürcher Kochlehrerin Elisabeth Fülscher. Seit der Erstauflage 1926 wurde es ständig überarbeitet und ist für mich immer noch der beste Ratgeber in kniffligen und alltäglichen Kochfragen: Vom einfachen Pilaw-Reis bis zum Filet «Wellington», von der Hamburger Aalsuppe bis zum Silvesterpunsch. Das ideale Geschenk für Köchinnen und Köche, die gerne systematisch arbeiten. Wesentlich neuer (2003), aber ebenso umfassend ist das Buch «Toute la cuisine» des französischen Spitzenkochs Guy Martin (Restaurant Grand Vefour in Paris). Es enthält hunderte von meist einfachen, aber raffinierten Gerichten, die Guy Martin für seine Familie und Freunde kocht und deshalb für die Privatküche ideal sind. Das Buch ohne fotografischen Schnick-Schnack passt für Gourmets, die spontan eine Kochidee suchen und nicht allzu viel Aufwand betreiben möchten. Leider ist es meines Wissens erst auf Französisch erschienen, aber die Rezepte sind leicht verständlich.

_ Kein Kochbuch und trotzdem hoch spannend sind «Warenkunde Obst» und «Warenkunde Gemüse» von Günther Liebster. In diesen zwei Standardwerken sind sämtliche bei uns erhältlichen Obst- und Gemüsesorten beschrieben: Die verschiedenen Untersorten, wichtige Qualitätsmerkmale, mögliche Zubereitungen, ernährungsphysiologische Zusammensetzung und vieles mehr. Vor allem für vegetarische Köchinnen und Köche ist dieses Buch eine Fundgrube an Ideen und Informationen. Und zum Schluss das Buch, mit dem ich als Junge zu kochen begann, «Es muss nicht immer Kaviar sein» von Johannes Mario Simmel. Die eingestreuten Rezepte habe ich allesamt mit mehr oder weniger Erfolg in meiner Jugend nachgekocht und Thomas Lieven, der Agent wider Willen, war mein Held. Ein witziges, kleines Weihnachtsgeschenk für einen Liebsten, der gerne kocht und den man vielleicht noch nicht so gut kennt, aber besser kennen lernen möchte.

(mit Sauerkirschen)

ganze ente aus dem ofen

_ 1 Ente, ca. 1,5 kg für zwei Personen Salz, Pfeffer, Erdnussöl, Butter, 1 KL Liebig Fleischextrakt, 2 Schalotten gehackt, 2 EL Sherryessig, 2 EL Sauerkirschen. Die Ente kräftig salzen und pfeffern und auf beiden Schenkeln in ziemlich viel Öl gut anbraten. Das Öl abgiessen und die Ente für 20 Minuten in den 200° heissen Ofen stellen. Herausnehmen und mindestens 15 Minuten warm stellen. Den Bratensatz mit etwas Butter lösen und Fleischextrakt, Schalotten und Sherryessig beifügen. Zirka 1 dl Wasser beifügen und aufkochen.

_ Die entstandene Sauce durch ein Sieb streichen und in ein Pfännchen geben. Die Sauerkirschen beifügen. Die Ente wie ein Poulet tranchieren und den Bratensaft der Sauce beifügen.

terrine

_Die heutige Kolumne ist bereits ein Vorläufer für meine Weihnachtskolumne mit dem alljährlichen Festmenü. Ich möchte da nämlich als ersten Gang eine Terrine servieren, und die Erklärungen dazu benötigen ein bisschen mehr Platz. Deshalb widmen wir uns heute ausschliesslich dieser Vorspeise.

_Ich mag Terrinen sehr, obschon sie nicht ganz zu Unrecht einen etwas zweifelhaften Ruf geniessen. Man weiss nämlich nie so genau, was drin steckt, wenn man eine Terrine kauft. Deshalb stellen wir sie am besten selber her.

_Als Terrine bezeichnet man eine Masse aus allerlei Zutaten wie Fleisch, Fisch, Geflügel, Gemüse oder auch Teigwaren, die in eine Form, eben eine Terrine, gefüllt und anschliessend gebacken wird. Im Gegensatz zur Pastete, wo die Füllung vor dem Backen in einen Teig gepackt wird. Für unser Weihnachtsmenü fabrizieren wir eine Ententerrine. Ich habe mein Rezept so umgearbeitet und vereinfacht, dass es für die Haushaltküche passt. Sie können nach demselben Vorgehen aber auch Hühnchen, Kaninchen, Kalb oder Reh verarbeiten. Die besten Terrinenformen sind die orangen Gussterrinen «Le Creuset», doch tuts eine normale Cakeform aus Blech auch. Für eine Cakeform benötigen wir 700 Gramm fein gehacktes Entenfleisch. Am besten eignen sich dazu die Schenkel, aber vermutlich finden Sie beim Metzger nur Entenbrüste, die er Ihnen ohne das Fett durch den Fleischwolf lassen soll und zwar durch die mittlere Scheibe. Zudem brauchen Sie zwei Entenbrüste ohne Fett, welche Sie in die Mitte der Terrine legen können. Weiter brauchen Sie vom Metzger papierdünn aufgeschnittenen, schneeweissen Rückenspeck – so viel, dass Sie Ihre Terrine damit vollständig ausschlagen können und noch etwas übrig bleibt. Vermutlich müssen Sie alles rechtzeitig vorbestellen, damit das klappt. Sie benötigen dann gehackte und geröstete Cashewnüsse, Rahm, Cognac, Preiselbeerkompott, Salz und Pfeffer. Diese Zutaten mischen Sie mit dem eiskalten Entenfleisch und schmecken das Ganze sorgfältig ab. Weil die Masse roh anders schmeckt als gebacken, müssen Sie einen kleinen Test machen: Sie braten ein kleines Probebällchen in der Bratpfanne und kontrollieren dann, ob es auch gegart richtig gewürzt ist. Nachdem Sie die Form mit den Speckscheiben lückenlos ausgekleidet haben, füllen Sie etwa ein Drittel der Masse hinein. Achten Sie darauf, dass keine Luftlöcher eingeschlossen sind, am besten lassen Sie die Terrine ein paar Mal auf die Arbeitsfläche fallen. Dann würzen Sie die Entenbrüste, braten sie ganz kurz an und legen sie längs in die Mitte der Terrine. Darüber verteilen Sie den Rest der Entenfüllung und beachten wiederum, dass keine Luftlöcher entstehen. Am Schluss bedecken Sie das Ganze mit dem restlichen Spickspeck und legen 3 Lorbeerblätter oben auf. Jetzt kommt der Deckel auf die Terrine. Wenn Sie eine Cakeform benützen, wird diese mit Alufolie gut verschlossen.

_Zum Garen eignet sich ein Steamer hier wunderbar. Andernfalls stellen sie die Terrine in einem Wasserbad bei 150 Grad in den Ofen. Falls Sie über eine Dampfeinspritzung verfügen, würde ich den Ofen während der ganzen Zeit leicht beschwaden. Nach etwa 40 Minuten sollte die Terrine gar sein. Am einfachsten prüft man das mit einem Fleischthermometer, die Kerntemperatur soll genau 50 Grad betragen. Keinesfalls sollte man die Terrine heiss aufschneiden, sonst läuft der ganze Fleischsaft aus. Also lässt man sie erst in der Küche und dann im Kühlschrank vollständig auskühlen. Die Form entfernt man, indem man sie unter heissem Wasser abspült, bis sich die äusserste Fettschicht leicht erwärmt und die Terrine fast von selbst herausgleitet. Vor dem Servieren kommt sie nicht mehr in den Kühlschrank, weil sich das köstliche Aroma bei Zimmertemperatur viel besser entfaltet. Noch kurz zu den anderen Fleischsorten: Für Poulet können Sie dasselbe Rezept verwenden, die Preiselbeeren würde ich allerdings weglassen und dafür etwas mehr Rahm beifügen. Für eine Kaninchenterrine würde ich anstatt der Preiselbeeren viel groben Senf, Kräuter, Paprika und Korianderkörner zufügen. Die Kaninchenfilets für die Einlage muss man nur würzen, nicht anbraten. Für die Kalbfleischterrine würde ich auf eine Einlage verzichten und die Preiselbeeren durch Kräuter, etwas Knoblauch und geriebenen Parmesan ersetzen.

einkaufszettel für die ententerrine

_ 700 g mittelfein gehacktes Entenfleisch; 2 Entenbrüste, ohne Fett; dünne Spickspeckscheiben zum Auslegen der Terrine, 70 g gehackte und geröstete Cashewnüsse, 0,5 dl Rahm, 2 EL Preiselbeerkompott, 3 EL Cognac, Salz, Pfeffer, 3 Lorbeerblätter.

festtagsmenu (24. dezember)

_Ich finde die neue Bahnhofstrassenbeleuchtung grossartig! Sie illuminiert, was Weihnacht hier in der City ist: ein beinhartes Geschäft! Und ich bin schliesslich ein Kenner, denn unsere Reblaube befindet sich gleich um die Ecke der Bahnhofstrasse, gut versteckt in einer Nebengasse. Die grosse Kunst, Feste zu feiern, nicht nur über die Jahreswende, besteht im Wechsel vom Vorbereitungsstress zur entspannten Feststimmung. Theoretisch braucht es dazu nur ein gutes Stück Käse, ein knuspriges Brot, eine anständige Flasche Wein, ein paar Weihnachtsguetsli und Mandarinli, ein paar gute Freunde und, wenn immer möglich, viele Kinder. Praktisch allerdings braucht es noch viel mehr. Ich will gar nicht alles aufzählen, sondern mich auf mein Kerngeschäft konzentrieren, das Essen. Es ist Mittelpunkt des Festes, aber auch Angelpunkt zwischen Stress und Fest, Frust und Lust. Deshalb schlage ich Ihnen ein einfaches, viergängiges Menü vor und begleite es mit ein paar Tipps, wie Sie den Stress minimieren können. Bereits bei der Menüzusammenstellung beachte ich folgende Punkte: Alle Zutaten will ich eine Woche im voraus einkaufen können, um dem Weihnachtsrummel zu entgehen. Jedes Gericht soll spätestens am Morgen des Festtages vorbereitet und vor dem Eintreffen der Gäste fixfertig zubereitet sein. Das Essen soll nicht schwer aufliegen, denn in diesen Tagen ist der Magen ohnehin genug belastet.

_Und so sieht das Menü für vier Personen aus: lauwarmer Linsensalat, Kastaniensuppe, Kalbshohrücken mit geschmorten Karotten aus dem Ofen, Kartoffel-Sellerie-Gratin, karamellisierte Ananas mit Limetten und Akazienhonig mit Weihnachtsguetsli. Linsensalat und Kastaniensuppe können wir ein bis zwei Tage im Voraus fertig vorbereiten, den Rest am Morgen.

_ Linsensalat: 250 g grüne Le-Puy-Linsen in viel Salzwasser al dente kochen, das dauert etwa eine Viertelstunde. Kalt abspülen, mit gutem Essig, Sonnenblumenöl, etwas Baumnussöl, Salz, Pfeffer und 1 Zweig frischer Majoranblättchen würzen. Nach Wunsch kann man zusätzlich grünen Salat oder Nüssler bereit stellen.

_ Kastaniensuppe: 100 g geschälte Kastanien, 100 g Kastanienmehl, ein kleines Stück Sellerie und 1 gehackte Zwiebel in 80 g Butter hellbraun dünsten. Mit 8 dl Wasser ablöschen und 1 Stunde köcheln lassen. Mixen, durch ein Sieb streichen und mit Salz und Pfeffer abschmecken. Am Festtagsmorgen: Kartoffel-Sellerie-Gratin: Je 400 g geschälte Kartoffeln und Sellerie sowie eine grosse Zwiebel in 1mm dicke Scheiben hobeln. In einer Schüssel mit 3 dl Milch, 3 dl Rahm, Salz und gemahlenem Koriander mischen. Auf ein Backofenblech giessen und im Ofen bei etwa 170 Grad weich kochen, der Gratin muss dabei nicht braun werden. Das dauert etwa 40 Minuten. Ab und zu mit dem Löffel die Kartoffeln in die Flüssigkeit drücken.

_Karamellisierte Ananas: Die Ananas schälen. Nachdem man den harten Kern entfernt hat, in feine Scheiben schneiden. In einer Teflonpfanne 2 EL Honig mit 1 EL Butter schmelzen und die Ananasscheiben darin leicht karamellisieren. Alles auf ein weiteres Backblech verteilen. Saft und abgeriebene Schale von zwei Limetten mit dem Caramel vermischen und die Ananas darin marinieren lassen. Ausserdem 500 g Karotten und eine grosse Zwiebel schälen, in grobe Stücke schneiden und das Brot aufbacken. Eine Stunde bevor die Gäste kommen: 1 kg Kalbshohrücken sehr kräftig salzen und mit ganz wenig Senf und gehacktem Rosmarin bestreichen. Bei 170 Grad zusammen mit den Karotten und den Zwiebeln in den Ofen schieben, Fettstoff ist nicht nötig. Nach 20 Minuten die Hitze auf 150 Grad reduzieren, das Fleisch drehen und 1 Glas Weisswein dazugiessen. Nach weiteren 20 Minuten den Bratensaft abschmecken und eventuell mit etwas Wasser verdünnen. Das Ganze zudecken und den Ofen auf 70 Grad herunterschalten. Jetzt ist das Essen fertig, und es bleiben noch 15 Minuten zum Umziehen, bevor die Gäste kommen.

_1. Gang: Den Linsensalat leicht wärmen und je nachdem mit weiterem Salat anrichten.

_2. Gang: Die Kastaniensuppe einmal aufkochen und 1dl geschlagenen Rahm darunterziehen.

_3. Gang: Den Braten herausnehmen, die Grillschlange des Ofens einschalten und den Gratin direkt unter den Grill schieben. Das Fleisch aufschneiden und mit dem Gemüse nochmals in den Ofen schieben, bis der Gratin braun ist. Beide Platten auftragen.

_4. Gang: Die Ananas ebenfalls unter dem Grill nochmals wärmen und mit den Weihnachtsguetsli der Schwiegermutter servieren.

festtagsmenu (25. dezember)

_Die Kriterien für mein zweites Menü sind immer noch dieselben: Ich möchte mühelos auch 8 – 12 Gäste bekochen. Ich möchte alle Waren vor dem grossen Festtagsendspurt einkaufen. Mein Essen soll vor dem Eintreffen der Gäste fertig sein, damit ich es zusammen mit ihnen geniessen kann. Und die schwierigste Bedingung, die Beschreibung muss auf diesen zwei Seiten Platz haben. Hier also mein Vorschlag, für 8 Personen berechnet: Parmesanmousse mit Kräutersalat – Rindshohrücken in der Merlotbeize mit Kartoffelterrine – Parfait glacé au chocolat «Cuba 70%».

_Drei Tage im Voraus beginnen wir mit dem Rindshohrücken: 2 kg Rindshohrücken und 400 g Kalbsfussscheiben in folgende Marinade legen: 1 Liter Merlot, je 400 g gewürfelte Zwiebeln und Sellerie, je 6 Lorbeerblätter und Nelken, 1 EL Fleischextrakt von Liebig oder von Globus. Das Fleisch soll von der Marinade vollständig bedeckt sein. Vorzugsweise am gleichen Tag stellen wir auch das Parfait glacé fertig: 300 g Lindt «Cuba» in 1,8 dl heisser Milch schmelzen. 140 g Puderzucker mit 4 Eigelb in einer Schüssel sehr schaumig schlagen und anschliessend die kochend heisse Schokolade dazugiessen. Langsam weiter schlagen, bis die Masse Zimmertemperatur hat; dann im Kühlschrank vollständig auskühlen lassen, bis sie fest zu werden beginnt. 2,5 dl eiskalten Rahm und 1 dl Doppelrahm zusammen steif schlagen und sorgfältig unter die Schokolade ziehen. In einer Cakeform in den Tiefkühler stellen.

_Am Vortag bereiten wir die Kartoffelterrine zu: 800 g Kartoffeln in 1 mm dünne Scheiben hobeln. Mit 4 dl Rahm, Salz und Pfeffer vermengen. Eine Cakeform ausbuttern, die Kartoffelscheiben schichtweise einfüllen und mit dem Rahm knapp bedecken. Bei 170 Grad 1 Stunde backen. Nach der halben Garzeit die Kartoffeln leicht zusammendrücken und nochmals mit Rahm bedecken. In der Cakeform vollständig auskühlen lassen. Ebenfalls am Vortag den Rindshohrücken aus der Marinade nehmen und abtrocknen. Leicht mit Mehl bestäuben, sehr kräftig salzen und rundum anbraten. Zwiebeln und die Kalbsfüsse beifügen. Alles zusammen in einen tiefen Bräter legen, mit der Marinade auffüllen und im Ofen 2 1/2 bis 3 1/2 Stunden bei 150 Grad weich schmoren. Der Braten soll sehr mürbe sein. Den Bratenfond durch ein Sieb streichen und auf 6 dl einkochen. Mit Salz, Pfeffer und etwas frischem Merlot abschmecken und nach Bedarf mit Maizena abbinden. Fleisch und Sauce kalt stellen.

_Am Morgen des Essens beginnen wir mit der Parmesanmousse: 250 g frisch geriebenen Parmesan in 3 dl Milch schmelzen, mit wenig Muskat, Salz und Pfeffer abschmecken. 3 Blatt Gelatine in kaltem Wasser einweichen, gut auspressen und in der Parmesanmilch auflösen. Mit dem Mixstab aufmixen und kalt stellen, bis die Milch zu gelieren beginnt. 3 dl eiskalten Rahm und 0,5 dl Doppelrahm steif schlagen, unter die Parmesanmasse mischen und kalt stellen. Für den Kräutersalat roten Chicorée, Rucola, Kerbel, Dill, Basilikum, jungen Spinat sehr grob hacken und, mit Klarsichtfolie bedeckt, in den Kühlschrank stellen. Eine Salatsauce aus Kürbiskernöl, wenig Sherryessig, Salz und Pfeffer zubereiten. Ebenfalls am Morgen die Kartoffelterrine auf die Herdplatte stellen und leicht erhitzen. Mit dem Messer den Rand entlang lösen und stürzen. In 8 Tranchen schneiden und auf ein Backblech legen. Den Hohrücken in 8 Tranchen schneiden, diese in ein tiefes Backblech oder eine Gratinform legen. Die Sauce aufkochen und darüber giessen.

_Vor dem Essen den Ofen auf 80 Grad einstellen und die Kartoffelterrine und das Fleisch, beides mit Klarsichtfolie abgedeckt, hineinschieben. Den Salat in einer Schüssel mit seiner Sauce mischen und auf die Teller verteilen. Mit der Glacezange 8 Kugeln Parmesanmousse abstechen und in die Mitte setzen. Mit Kürbiskernöl beträufeln und servieren. Inzwischen sind Fleisch und Kartoffelterrine bereit, sodass man sie auf sehr heissen Tellern anrichten kann. Das Parfait glacé etwa 30 Minuten vor dem Servieren vom Gefrierer in den Kühlschrank stellen, damit es nicht zu hart ist. Selbstverständlich kann man es mit Schlagrahm, Früchten usw. garnieren. Ich persönlich ziehe eine schlichte Präsentation und dafür eine Schale Weihnachtsguetsli vor.

_Auf der nächsten Seite finden Sie eine Variation dieses Festtagsmenüs. Frohe Weihnachten wünscht Ihnen der Chef!

selleriesuppe mit kardamom

_ *Am Vortag 250 g Selleriestücke, 150 g kleine Kartoffelwürfel und 1 kleine, gehackte Zwiebel in Butter leicht andünsten. 4 zerdrückte, frische Kardamomkörner beifügen, mit 1 dl Weisswein ablöschen und in 3 dl Milch weich kochen. Mixen, durch ein Sieb streichen und kräftig salzen. Vor dem Servieren gibt es zwei Möglichkeiten: Entweder die Suppe erhitzen, mit 1,5 dl geschlagenem Rahm mischen, nochmals abschmecken und in Suppenteller füllen. Oder, wer ein bisschen Show mag, die heisse Suppe mit 2 dl flüssigem Rahm aufkochen, in einen Rahmbläser füllen (dabei die Gebrauchsanweisung beachten) und wie Schlagrahm in vorgewärmte Kaffeetassen oder Sektgläser spritzen – sehr effektvoll!*

geschmorte kalbsbäggli mit weihnachtsgewürzen

_ *Hier ist das Muskelfleisch der Kalbsbacke gemeint und nicht das Kalbsbäggli vom Stotzen. Die meisten Metzger kennen inzwischen den Unterschied, aber man muss dieses Fleisch unbedingt vorbestellen. Drei Tage im voraus 1 kg Kalbsbäggli mit Rotwein knapp bedecken und mit 2 Lorbeerblättern, 10 Pfefferkörnern, 1 KL zerdückten Korianderkörnern, 1 Stück Zimt und etwas Sternanis würzen. 2 Rüebli, 100g Sellerie, 1 grosse Zwiebel und 2 Scheiben Weissbrot in Würfel schneiden und beifügen. Zwei Tage marinieren, kühlen ist nicht nötig. Am Vortag oder am Morgen des Festtages das Fleisch und die Zwiebeln trocknen, in einen Schmortopf geben und in Butter rundum sanft anbraten. Mit der Marinade und ihren restlichen Zutaten auffüllen, einmal aufkochen und kräftig salzen. Zugedeckt im Backofen bei 120° weich kochen, das dauert etwa 3 – 4 Stunden. Garprobe: Das Fleisch mit einer Gabel einstechen, es soll dabei weich wie ein reifer Pfirsich sein. Lorbeer und Nelke entfernen, Fleisch und Gemüse beiseite stellen. Die Sauce mit dem verkochten Brot in eine Kasserolle giessen und mit dem Mixstab pürieren. Jetzt kommt der Punkt, wo ich keine präzise Angaben machen kann, weil es Fingerspitzengefühl braucht: Die Sauce einkochen und gleichzeitig mit allen Gewürzen nach Geschmack nachwürzen und dabei darauf achten, dass sie nicht zu dick wird oder anbrennt. Die fertige Sauce über Fleisch und Gemüse giessen, und den Topf bis zum Essen ohne Deckel (!) an einen kühlen Ort stellen, aber nicht in den Kühlschrank. Vor dem Essen das Ganze bei etwa 120° in den Backofen geben und anschliessend das Fleisch nochmals abschmecken.*

kohlrabi-kartoffelgratin

_ Am Morgen je 200 g geschälte Kartoffeln und Kohlrabi in möglichst feine Scheiben hobeln. In einer Schüssel mit 1 dl Milch, 2 dl Rahm, Salz, frisch gemahlenem Koriander, Pfeffer und einer fein gehackten Zwiebel mischen. Möglichst dünn auf ein Backblech auslegen und mit der Flüssigkeit knapp bedecken. Bei 170° backen, bis Gemüse und Kartoffeln weich sind; das dauert etwa 30 Minuten. Ab und zu etwas Flüssigkeit nachgiessen, sodass die Oberfläche immer schön feucht ist. Auf dem Blech auskühlen lassen. Vor dem Servieren das Gratin mit geschlagenem Rahm dünn bestreichen und unter der Grillschlange gratinieren.

karamellisierte ananas

_ Die Ananas muss für dieses Rezept durchgehend saftig sein und darf keinen hölzigen Kern haben. Am Morgen die Frucht schälen, in möglichst dünne Scheiben schneiden und diese anschliessend dritteln. Ich rechne mit etwa 6 Dritteln pro Person. In einer möglichst grossen Bratpfanne je 1 EL Butter und Honig verrühren und erhitzen. Darin die Ananasscheiben portionenweise langsam bei steigender Hitze gleichmässig karamellisieren. Die fertigen Stücke auf ein Blech legen und diesen Vorgang wiederholen bis alle Früchte zubereitet sind. Am Schluss den Bratenfond mit dem Saft und der abgeriebenen Schale von 2 Limetten, etwas frischer Butter und Honig abschmecken und über die fertigen Ananasstücke giessen. Bis zum Essen irgendwo in der Küche beiseite stellen, jedoch nicht im Kühlschrank. Vor dem Servieren die Ananasstücke im heissen Ofen erwärmen und auf die Teller verteilen. Je eine Kugel Vanilleglace, die man nicht auch noch selber zubereiten muss, dazugeben und mit dem Honig-Limettensaft übergiessen.

grand cru

_ Eine kleine Nachweihnachtsgeschichte: Es war einmal ein kleines Land, in dem flossen Milch und Schokolade. Die Schokolade war so gut, dass das kleine Land weltberühmt wurde. Mit den Jahren veränderten sich jedoch Geschmack und Ansprüche der Menschen. Sie bevorzugten jetzt intensivere Aromen und raffiniertere Nuancen. Doch die Schokoladebarone des kleinen Landes schliefen und bemerkten daher den Wandel nicht. Die Nachbarn schliefen hingegen keineswegs und strengten sich an, ebenso gute Schokolade zu machen, bis es eines Tages so weit war, dass die Schokolade der Nachbarn viel besser war und ihre unbestrittene Primadonna mit dem Namen Valrhona weltberühmt wurde. Valrhona verfügte inzwischen über eine ganze Linie von deliziösen Schokoladen aus edelsten Kakaobohnen von den exklusivsten Anbaugebieten der Welt. Die Schokoladebarone des kleinen Landes indes schliefen friedlich weiter, durch Exportsubventionen bestens behütet. Nur die Köche und Confiseure, die mit ihren Nasenspitzen über die Grenzen schnupperten, ärgerten sich grün und blau, weil sie entweder die mittelmässige Heimatschokolade verwenden mussten oder die Strassenzölle der amtlichen Wegelagerer bezahlen mussten.

_So weit, so schlecht, doch zum Glück ist die Geschichte noch nicht zu Ende. Da gabs in dem kleinen Land eine kleine Schokoladefabrik mit Namen Max Felchlin, die kein Mensch kannte, weil sie keine Schokoladetafeln, sondern nur Schokolade für Confiseure und Köche herstellte. Diese kleine Fabrik beschloss, ebenso gute Schokolade herzustellen wie die Nachbarn. Sie legte sich mächtig ins Zeug, kaufte nur die besten Kakaobohnen mit dem Namen Criollo «Fine Flavour Beans» und gab sich unheimlich Mühe bei der Zubereitung ihrer Schokolade. Das Ergebnis nannte sie stolz und mit Recht Grand Cru. Als der kleine Koch Peter Brunner diese Schokolade vor ein paar Jahren entdeckte und mit der berühmten Valrhona verglich, war er begeistert und ausser sich vor Freude darüber, die Schokolade für seine Mousse au Chocolat und seine Trüffschnittchen nicht mehr importieren zu müssen. Doch für die Bürger des Landes war die Lage nach wie vor trist, denn wie gesagt, Max Felchlin stellte keine Schokoladetafeln her. Es war der Riese Nestlé, interessanterweise kein richtiger Schokoladename, der mit Nestlé noir endlich eine zeitgemässe Tafelschokolade in die Verkaufsregale des kleinen Landes brachte. Auch dies ist nun schon wieder ein paar Jahre her und Nestlé noir heisst heute schokoladegerecht Caillers noir. Inzwischen sind auch die Schokoladebarone auf-

gewacht. Die Situation wurde für sie ja langsam peinlich und auch gefährlich, denn die Ruhekissen der Exportsubventionen werden ihnen langsam entzogen. So begann im kleinen Land eine veritable Schokoladeaufholjagd, und dies mit Erfolg. In einer Blinddegustation mit Spitzenschokoladen aus Europa bewertete eine Jury aus Confiseuren, Chocolatiers, Sensorikspezialisten und dem Erzähler die Lindt 70% mit Abstand am besten. Überhaupt hat Lindt & Sprüngli zurzeit die Nase vorn. Es ist die Lindt 85% erschienen, eine Hardcore-Schokolade für Kakaofreaks, sowie eine kleine elegante Produktelinie mit exklusiven Spezialitäten aus den besten Kakaoanbaugebieten. Jetzt ist unser kleines Schokoladeland wieder Weltspitze: Max Felchlins Maracaibo clasificado 65% aus reinen Criollo «Fine Flavour Beans» wurde von der renommierten Accademia maestri pasticceri italiani mit grossem Abstand zur besten Schokolade erklärt. Alle Schokoladefreunde des Landes gratulieren und freuen sich heute mit ihnen. So hat unsere kleine Geschichte doch noch ein gutes Ende gefunden, und wenn sich alle weiter anstrengen, leben sie auch morgen noch.

trüffschnittchen

_ Zutaten: 200 g dunkle Schoklade, in kleinen Stücken, 200 g Butter, in kleinen Stücken, 200 g Zucker, 4 Eigelb, 1 EL Mehl, 1 EL Cognac, 1 EL Kirsch, 4 Eiweiss. Schokolade, Zucker und Butter im Wasserbad schmelzen. Eigelb, Mehl und die Schnäpse darunter rühren. Das Eiweiss zu Schnee schlagen und sorgfältig darunter ziehen. Die Masse in ein gebutterte Kuchenform füllen und bei 170° 40 Minuten backen.

linsen

_In Frankreich bringen Linsen zu Neujahr Glück fürs ganze Jahr. Sie passen deshalb ganz gut in meine kleine Serie zum Thema Wintergemüse. Wenn Sie beim Stichwort Linsen wie ich traumatische Kindheitserinnerungen an eine bräunliche, mehlige Pampe mit einem penetranten Armeleutegeruch haben, dann müssen Sie jetzt trotzdem unbedingt weiterlesen, denn ich spreche von etwas völlig anderem: von winzigen, knackigen, olivenfarbenen Perlen mit einem feinen, nussigen Aroma. Ich habe früher nie verstanden, warum Esau für ein Linsengericht sein doch beträchtliches Erbe an seinen Bruder Jakob verkauft hat, bis ich vor vielen Jahren diese kleinen Le-Puy-Linsen entdeckt habe. Seither bin ich überzeugt, dass Rebekka ihren beiden Söhnen nicht die im Nahen Osten üblichen roten oder braunen Linsen gekocht hat, sondern eben die kleinen Le-Puy-Linsen, die dem verfressenen Esau sein Erbe wert waren. Jedenfalls konnte ich dank ihnen inzwischen viele Linsenverächter zum Linsengenuss bekehren, und der lauwarme Linsensalat ist eine der beliebtesten Vorspeisen in unserer Beiz geworden.

_Wegen ihrer dunkeloliven Farbe werden die Le-Puy-Linsen auch grüne Linsen genannt. Das ist zwar nicht falsch, aber irreführend, weil es grüne Linsen auch grösser und in minderer Qualität gibt. Le Puy ist eine sehenswerte Stadt in der Auvergne mit einer spektakulären Rundsicht über das Massif Central. Und sie hat für ihre weltberühmten kleinen, grünen Botschafter eigens ein Museum eingerichtet. Wer Exotisches und Apartes mag, wird sich an den schwarzen Beluga-Linsen mehr freuen. Zwar ähneln sie im Aussehen tatsächlich dem berühmte Kaviar, doch ist ihr Name wohl ein Marketingeinfall – jedenfalls lässt ihr Preis dies vermuten.

_Die Grundzubereitung ist für beide Sorten dieselbe: Man kocht sie etwa 20 Minuten in viel Salzwasser und schreckt sie anschliessend kurz unter kaltem Wasser ab. In veralteten Kochbüchern steht, man müsse Linsen einweichen und beim Kochen das Wasser abschäumen. Das war früher so, als Linsen oft verschmutzt und vertrocknet waren. Heute sind das alte Zöpfe, die das Kochen unnötig erschweren. Hingegen lohnt es sich, die Linsen in sehr viel Wasser zu kochen, etwa im Verhältnis 1:10, weil sie so knackiger bleiben. Nachdem die Linsen gekocht sind, gibt es unzählige Möglichkeiten weiterzufahren. Linsen passen zu fast jedem Fleisch, zu Fisch, zu Geflügel oder in die verschiedensten Salatvariationen. Ich gebe Ihnen gerne ein paar Anregungen:

lauwarmer linsensalat mit hirschsalsiz

_Fein geschnittenen Hirschsalsiz in etwas Butter leicht anbraten. Die gekochten Linsen, gehackte Schalotten, Majoranblättchen, Sherryessig, Salz, Pfeffer und Kürbiskernöl beifügen und kurz mitdünsten.

lauwarmer salat aus linsen mit coquilles saint-jacques

_Die Coquilles Saint-Jacques in 2 mm dünne Scheiben schneiden und in viel heisser Butter kurz wenden. Auf einem Teller beiseite stellen, salzen und mit wenig Zitronensaft beträufeln. Die Linsen und gehackte Schalotten in die noch heisse Butter geben, salzen, pfeffern und ebenfalls mit Zitronensaft beträufeln. Etwas Sauerrahm auf die Teller verteilen, mit den Coquilles Saint-Jacques belegen und die warmen Linsen dazugeben.

(die Express-Variante I)

zander mit linsen

_Die Zanderfilets salzen, pfeffern und mit Zitronensaft beträufeln. In recht viel Butter beidseitig leicht anbraten und anschliessend bei kleiner Hitze gar ziehen lassen. Bei kleinen Filets dauert das ein paar Sekunden. Auf einem Teller beiseite stellen. Linsen und gehackte Schalotten in der noch heissen Butter wenden. Pro Person einen Esslöffel Sauerrahm beifügen und etwa 30 Sekunden kräftig kochen. Die Zanderfilets wieder zugeben und nochmals kurz erhitzen.

(die Express-Variante II)

lammhüftli auf linsen

_Die Lammhüftli kräftig salzen und pfeffern. In Olivenöl bei mittlerer Hitze anbraten. Gehackte Schalotten, gehackten Knoblauch und etwas Aceto Balsamico beifügen und bei schwacher Hitze zugedeckt bis zum gewünschten Garpunkt fertig braten. Zum Schluss die gekochten Linsen und einen Kaffeelöffel fein gehackten, frischen Rosmarin beifügen.

jahresputz (1)

_ Zum Jahreswechsel hab ich meine «züritipp»-Mailbox wieder einmal aufgeräumt. Dabei bin ich auf viele interessante Zuschriften gestossen, die ich zwar beantwortet, aber nie veröffentlicht habe. Teilweise sind es ähnliche oder wiederkehrende Fragen, die ich jetzt zu lockeren Themensträusschen zusammengebunden habe. Mit Abstand am meisten Fragen drehen sich um das Thema Fleisch, es ist offenbar nach wie vor des Schweizers liebstes Stück.

_ Anbraten: Beginnen wir mit dem Anbraten, einem Röstprozess, der nur bei trockenen Materialien stattfindet. Das gilt für Cheminéeholz ebenso wie für alle Fleischstücke. Deshalb sollte man Letztere vor dem Anbraten sorgfältig abtrocknen. Trotzdem verdunstet Fleischsaft, sobald man das Fleisch dann erhitzt. Das hat nichts mit Fleischporen zu tun, sondern mit der simplen Tatsache, dass das Wasser im Innern bei 100 Grad verdunstet. Bei geschnetzeltem oder gehacktem Fleisch geschieht das natürlich sehr schnell. Und sobald der Fleischsaft austritt, ist ein Röstprozess unmöglich, denn das Fleisch kann nicht über 100 Grad erhitzt werden, bevor das ganze Wasser (das nur auf 100 Grad erhitzt werden kann) verdunstet ist. Für den Röstprozess braucht es aber definitiv mindestens 140 Grad direkt an der Oberfläche. Bei grösseren Stücken ist das alles kein Problem. Bis das Fleischinnere auch nur annähernd in den Bereich von 100 Grad kommt, ist die Aussenschicht längst herrlich geröstet. Damit auch kleinere (und gut abgetrocknete) Fleischstücke kein Wasser ziehen, muss erstens die Pfanne sehr heiss sein, und zweitens sollte man ziemlich viel Öl beifügen. Einerseits überträgt das Öl die Hitze direkt vom Pfannenboden auf das Fleisch; und andererseits verhindert es, dass sich um die Stücke der verheerende Wasserdampf bilden kann. Drittens sollten kleine Stücke möglichst kalt sein, damit es länger dauert, bis sich das Innere den gefährlichen 100 Grad nähert. Bei grösseren Fleischstücken ist es übrigens genau umgekehrt, die sollten vor dem Anbraten bereits Zimmertemperatur haben. Das verkürzt die Garzeit ganz wesentlich und schont damit die Fleischfasern. Eine Ausnahme ist die Kalbsleber, die nicht zu stark erhitzt werden darf, weil sie als einziges Fleischstück Zucker enthält, der bei zu grosser Hitze verbrennt.

_ Mehlen: Seit der Nouvelle Cuisine ist Mehl in der Spitzenküche verpönt, und viele Köche sind stolz darauf, dass sie für die Fleischzubereitung keines verwenden. Ich habe nie ganz verstanden warum: Gerade das Anbraten kleiner Fleischstücke ist viel einfacher, wenn man sie erst im Mehl wendet und dann gut ausklopft – aus zwei Gründen: Falls beim Anbraten Fleischsaft austritt, wird er sofort vom Mehl aufgesogen und der Röstprozess kann trotzdem weitergehen. Zudem enthält Mehl Bestandteile, welche das Rösten begünstigen und beschleunigen. Bei grossen Fleischstücken hingegen ist das Mehlen überflüssig, aus den Gründen, die ich oben schon beschrieben habe. Damit sind wir bereits beim nächsten grossen Thema.

_Schmoren: Genauer gesagt, geht es um das Garen in einer Flüssigkeit. Denn egal ob Siedfleisch in der Bouillon, Brasato im Rotwein oder Ossobuco im Gemüsesugo, die Grundprinzipien sind ähnlich. Man kann übrigens auch ein zartes Filet oder ein Poulet schmoren, das wäre aber ein etwas anderes Thema. Hier reden wir von richtigen Bratenstücken mit relativ groben Fleischfasern und Sehnen, welche erst während einer langen Garzeit geniessbar werden. Was es dabei zu beachten gilt: als Erstes den Zusammenhang von Garzeit und Gartemperatur. Je tiefer die Temperatur, desto länger die Garzeit. Das ist auf den ersten Blick banal. Wenn man aber weiss, dass eine ganze Kalbshaxe bei 180 Grad im Ofen etwa zwei Stunden braucht, bei 120 Grad etwa sechs und bei 70 Grad etwa zwölf Stunden, dann wird das Ganze doch recht spannend. Vergleichen wir die Vor- und Nachteile der verschiedenen Temperaturen, gilt: Je tiefer die Temperatur, desto zarter das Fleisch – aber auch desto fader. Erst über 120 Grad beginnen sich nämlich die Fleischaromen richtig zu entwickeln. Für ein Siedfleisch, das im Wasser ohnehin nie mehr als 100 Grad erreicht, ist eine tiefe Temperatur optimal: Bei 70 Grad wird ein normales Siedfleischstück nach 36 Stunden butterzart und ist sogar noch rosa – der Geschmack kommt dabei von der Bouillon. Ein Brasato dagegen wird unter 100 Grad enorm fad, weil die Röstaromen fehlen. Ausserdem ist er «zu saftig» und kann die Sauce nicht aufsaugen. Ein guter Brasato muss bei relativ hoher Temperatur, 120–150 Grad, geschmort werden, wobei er immer teilweise in der Marinade liegt und somit auf unter 100 Grad abkühlt, gedreht wird und so in der heissen Ofenluft wieder die Aromen bildet. Dabei müssen die Fleischfasern richtig austrocknen und mürbe werden. Nur so können diese anschliessend wie ein Schwamm die köstliche Sauce aufsaugen. So wird der Brasato nicht nur weich und saftig, sondern auch wunderbar aromatisch. Ein trockener oder zäher Braten ist also immer entweder zu heiss (über 170 Grad), zu wenig lange oder in zu wenig Marinade geschmort worden.

jahresputz (2)

_Beim Neujahrsputz meiner Mailbox habe ich viele interessante Fragen gefunden, die ich noch nie oder schon lange nicht mehr beantwortet habe. Die Antworten darauf sind einige Tipps und Tricks.

_Knackig oder weich: Der Säuregehalt (pH-Wert) des Wassers hat einen oft unterschätzten Einfluss auf die Zubereitung von Gemüse. Man spricht auch von hartem (saurem) und weichem (basischem) Wasser, und diese Unterscheidung ist viel wichtiger als die Frage, ob man das Kochwasser salzen soll oder nicht. Wenn wir Blattgemüse oder Salate in leicht saurem Wasser waschen, bleiben sie knackiger. Deshalb geben wir etwas Ascorbinsäure oder Zitronensaft ins Wasser. Umgekehrt werden harte Gemüse wie Rüebli, Sellerie, Kartoffeln, Blumenkohl, Hülsenfrüchte in leicht saurem Kochwasser unter Umständen überhaupt nie weich. Um den Garprozess zu beschleunigen, fügen wir deshalb dem Kochwasser eine Prise Natron bei, welches basisch ist.

_Viel oder wenig Wasser: Stärkehaltige Nahrungsmittel wie Kartoffeln, Hülsenfrüchte, oder Teigwaren muss man in sehr viel Wasser kochen – etwa im Verhältnis 1:10. Andernfalls besteht die Gefahr, dass die austretende Stärke mit dem Kochwasser einen Leim bildet, der den Garprozess behindert oder sogar stoppt. Rüebli dagegen dünstet man am besten ganz ohne Wasser: Man stellt sie in einer Pfanne bei sehr schwacher Hitze auf den Herd, gibt eine Prise Salz und etwas Butter dazu, einen gut schliessenden Deckel drauf und wartet nur noch, bis sie schön weich und saftig sind. Und falls Sie Rüebli ein langweiliges Gemüse finden, hier gleich ein paar Gewürzvorschläge: frischer Ingwer, Kardamomsamen, Aceto Balsamico, Pfefferminze, Marsala, Zitronenschlale, tasmanischer Pfeffer. Ebenfalls mit möglichst wenig Flüssigkeit sollte man alle Saucengerichte zubereiten, denn nur eine konzentrierte Sauce hat genügend Kraft, und je länger man sie einkochen muss, desto mehr Aroma verdampft in die Luft.

_Al dente: Wie Spaghetti richtig gekocht werden, ist eine ewige Streitfrage, die nach meiner Erfahrung quer durch Europa läuft, je nördlicher, desto weicher sollen sie sein. Eine Süditalienerin hat mir den inzwischen berühmten al dente-Test verraten: Man wirft einen Spaghetto an eine glatte Fläche, zum Beispiel an die Kühlschranktüre. Wenn er sofort herunter fällt, ist er zu hart. Wenn er kleben bleibt, ist er zu weich. Wenn er eine halbe Sekunde kleben bleibt und dann herunterfällt, ist er al dente. – Ein zweiter, weniger lustiger, aber ebenso zuverlässiger Test: Man beisst in einen Spaghetto. Ein winziger weisser Punkt in der Mitte bedeutet, dass der Kern noch roh ist. Dies ist genau der richtige Zeitpunkt, um die dampfend heissen Spaghetti in der Sauce nochmals kräftig aufzukochen. So sind sie am Tisch nicht nur al dente, sondern haben sich gleichzeitig mit der köstlichen Sauce vollgesogen.

_Easy Schlagrahm: Rahm lässt sich viel leichter aufschlagen und er bleibt stabiler, wenn man pro Deziliter etwa einen Esslöffel Doppelrahm beifügt. Easy Eischnee wird schneller steif, dadurch dass man die saubere Schüssel vorher mit ganz wenig Zitronensaft ausreibt und eine Prise Salz oder Zucker beifügt.

_Zwiebeln, geröstet, aber nicht verbrannt: Geröstete Zwiebeln sind sehr lecker zu Bratkartoffeln. Leider verbrennen sie oft, bevor die Kartoffeln braun sind, dasselbe kann bei einer Bratwurst geschehen. Dagegen hilft ein ganz einfacher Trick: Vor dem Rösten gibt man die fein geschnittenen Zwiebelringe für 2 Sekunden in kochendes Wasser und tupft sie anschliessend auf einem Küchenpapier trocken. Blanchieren nennt der Profi dieses Blitzkochen.

_Ohne Kohl: Neben den populären und deftigen Rotkraut und Sauerkraut gibt es viele eher unbekannte, aber ausgesprochen elegante Kohlarten zu entdecken: Den knackigen, milden chinesischen Senfkohl (Pak choi), den würzigen italienischen Stängelkohl (Cima di rapa) oder den Raukenkohl (Rucola) der nicht nur als modischer Salat, sondern auch als Gemüse in einer Pasta oder mit Kartoffeln schmeckt. Mein Liebling ist der Spitzkohl, eine besonders milde Unterart des Weisskohls, welcher aktuell in der deutschen Spitzengastronomie wieder entdeckt wird. Er hat eine feinere Struktur und zartere Blätter als der runde Weisskohl, und sein ausgesprochen mildes Aroma passt zu vielen Fleisch-, Geflügel- und Fischgerichten. Die Blätter werden auseinandergezupft und kurz in kochendem Wasser überwällt. – Eine Besonderheit des Weisskohls ist übrigens sein Gehalt an Ascorbigen. Diese Vorstufe des Vitamin C verwandelt sich erst beim Kochen in Vitamin C. Dies ist darum erstaunlich, weil normalerweise Vitamin C durch das Kochen zerstört wird. Leider findet man den Spitzkohl nur auf den Gemüsemärkten.

_ Rutschfest: Wenn es Sie nervt, dass das Küchenbrett immer auf dem Tisch herumrutscht, legen sie zwei Gummidichtungen von Einmachgläsern darunter. Damit haben sie auch gleich ein witziges Mitbringsel für einen Hobbykoch oder Köchin, den meisten ist es nämlich zu mühsam, solche Dichtungen zu kaufen.

bücher

_ Fernan Adria, «El Bulli», 2006, ISBN 393668247X
_ Ernst Meier, «Der grosse Westentaschen Weinkenner», 2005, ISBN 3257060815
_ Giuliano Hazan, «Klassische Pastaküche», 2000, ISBN 3855025126
_ Harold McGee «On Food and Cooking: The Science and Lore of the Kitchen», 2004, ISBN 0-684-80001-2
_ Elisabeth Fülscher, «Das Fülscher-Kochbuch», 1995, ISBN 3275004905
_ Guy Martin, «Toute la cuisine», 2004, ISBN 2020485265
_ Günther Liebster, «Warenkunde Gemüse», 2002, ISBN 3775003096
_ Günther Liebster, «Warenkunde Obst», 2002, ISBN 3775003010
_ Johannes Mario Simmel, «Es muss nicht immer Kaviar sein», 1996, ISBN 3426620006

lieferanten

_ Bioladen Paradiesli, Zürich, www.bioladen-paradiesli.ch
_ Molkereigeschäft Chäs & Co., Zürich, www.kaesereich.ch
_ Le Fromager, rue de l'Abbé-Bovet 1, 1700 Fribourg
_ Patrizia Fontana, Scheuchzerstrasse 20, 8006 Zürich
_ Frey Escher, Zürich, www.alfredvonescher.ch
_ Martin Bär, Dänikon, www.baer-daenikon.ch
_ Ernst Wettstein, Winkel, www.wettstein-saisongemuese.ch

links

_ www.biozoon.de
_ www.cuisineetvinsdefrance.com/recettes
_ science.orf.at/science/news/133922

spenden

_ Brot für alle: www.bfa-ppp.ch, PC 40-948-9

_ Text: Peter Brunner, Kaiser's Reblaube, Zürich, www.kaisers-reblaube.ch
_ Konzept & Gestaltung: Sonja Studer Grafik, Zürich, www.sonjastudergrafik.ch
_ Redaktion: Reto Wilhelm, Zürich, www.pantarhei.ch
_ Vertrieb: Werd Verlag AG, Zürich, www.werdverlag.ch
_ Druck: Bodan AG, Druckerei und Verlag, Kreuzlingen, www.bodan-ag.ch
_ ISBN-978-3-85932-596-8

_ Restaurant Kaiser's Reblaube & Goethe-Stübli
Glockengasse 7, 8001 Zürich
Telefon 044 221 21 20, Fax 044 221 21 55, www.kaisers-reblaube.ch